Confeitaria

Delícias que vêm do forno

valedasletras
editora

Editora Vale das Letras Ltda.
Rua Bahia, 5129, Salto Weissbach
Blumenau - SC CEP 89032-001
www.valedasletras.com.br

Copyright© 2013 Igloo Books Ltd
Título original: Baking

Todos os direitos reservados. Nenhuma parte desta obra poderá ser reproduzida, armazenada em sistema de recuperação ou transmitida por meios eletrônicos, gravações ou outros, sem a permissão, por escrito, do editor. As medidas utilizadas são aproximadas.

Fotografia dos pratos e desenvolvimento das receitas:
PhotoCuisine UK
Imagens da capa e contracapa © PhotoCuisine UK

Impresso e produzido na China

Confeitaria

Delícias que vêm do forno

Sumário:

Salgados e Pães... 6

Biscoitos e Tortas... 44

Bolos e Muffins... 72

Salgados e Pães

Pãozinho Redondo

Rende 12 porções
Tempo de preparo: 20-25 minutos e mais o tempo para crescer
Tempo de cozimento: 10–14 min

Ingredientes

5 xícaras (750 g) de farinha de trigo especial para pães

2 colheres (chá) de fermento biológico seco instantâneo

2 colheres (chá) de açúcar refinado

2 colheres (chá) de sal

1 ¾ de xícaras (425 ml) de água morna

¼ de xícara (55 ml) de óleo de girassol

um pouco mais de farinha de trigo especial para pães para polvilhar

2 colheres (sopa) de leite integral

Dica

Substitua metade da farinha por farinha de trigo integral para uma versão "50 - 50".

Modo de preparo

• Junte a farinha, o fermento, o açúcar e o sal em uma tigela, mexa e faça uma cova no centro.

• Acrescente a maior parte da água e do óleo, e misture aos poucos até obter uma massa pegajosa.

• Acrescente mais água, se necessário, antes de virar sobre uma superfície enfarinhada, e sove até que a mistura esteja homogênea e elástica.

• Coloque em uma tigela limpa, untada, cubra com um pano úmido e deixe crescer em um local morno por 1 hora.

• Mexa a massa para retirar o ar, e divida em 12 bolas. Molde e coloque em assadeiras. Cubra e deixe crescer por 1 hora.

• Preaqueça o forno a 220 °C (200 °C, caso seja um forno turbo).

• Faça cortes rasos em forma de cruz na massa, pincele com leite, e asse por 10-14 minutos até crescer e dourar.

• Sirva morno ou frio.

Pão de Abóbora e Pera

Rende 6–8 porções
Tempo de preparo: 15 minutos
Tempo de cozimento: 40–50 min

Ingredientes

¼ de xícara (55 g) de manteiga sem sal

1 abóbora-menina média descascada e cortada em cubos

3 peras (variedade *Conference*) médias, maduras, descascadas, sem miolo e cortadas em cubos

1 ⅔ de xícaras (250 g) de farinha de trigo com fermento peneirada

½ xícara (110 g) de açúcar mascavo claro

½ xícara (110 ml) de óleo de girassol

2 ovos grandes batidos

Modo de preparo

• Preaqueça o forno a 160 °C (140 °C, caso seja um forno turbo). Unte e forre uma fôrma de pão com capacidade para 500 g com papel-manteiga.

• Derreta a manteiga em uma panela grande em fogo médio e refogue a abóbora e a pera até ficarem tenras, mexendo de vez em quando.

• Amasse ligeiramente e reserve.

• Junte a farinha, o açúcar, o óleo e os ovos em uma tigela grande, batendo bem até combinar.

• Acrescente a mistura de abóbora e pera antes de colocar a massa na fôrma.

• Asse por 40–50 minutos até crescer. Teste com um palito de madeira. Se sair limpo, o pão está no ponto.

• Coloque a fôrma sobre um aramado para esfriar antes de desenformar, fatiar e servir.

Dica

Experimente adicionar 50 g de chocolate amargo em pedaços à massa, para um toque ainda mais tentador.

Pão de Azeitonas

Rende 6–8 porções
Tempo de preparo: 10 minutos
Tempo de cozimento: 45–50 min

Ingredientes

1 ⅔ de xícaras (250 g) de farinha de trigo com fermento peneirada

½ xícara (125 ml) de azeite de oliva

1 xícara (110 g) de queijo parmesão ralado fino

2 ovos grandes batidos

½ xícara (75 g) de tomates secos escorridos e picados

⅓ de xícara (50 g) de azeitonas pretas sem caroço

sal e pimenta-do-reino

Dica

Substitua 30 g de queijo parmesão por 50 g de queijo feta em cubos para um toque mais salgado.

Modo de preparo

• Preaqueça o forno a 160 °C (140 °C, caso seja um forno turbo). Unte e forre uma fôrma de pão com capacidade para 500 g com papel-manteiga.

• Junte a farinha, o azeite, o parmesão e os ovos em uma tigela grande e bata até combinar.

• Acrescente os tomates secos, as azeitonas e um pouco de tempero antes de despejar a massa na fôrma preparada.

• Asse por 45–50 minutos até dourar e crescer. Teste com um palito de madeira. Se sair limpo, o pão está no ponto.

• Coloque a fôrma sobre um aramado para esfriar antes de desenformar, fatiar e servir.

Pão de Ervas

Rende 6–8 porções
Tempo de preparo: 10 minutos
Tempo de cozimento: 45–50 min

Ingredientes

1 ⅔ de xícaras (250 g) de farinha de trigo com fermento peneirada

½ xícara (125 ml) de azeite de oliva

½ xícara (55 g) de queijo cheddar ralado fino

½ xícara (55 g) de queijo parmesão ralado fino

2 ovos grandes batidos

¼ de xícara (55 g) de pinoli torrados

algumas folhas de cebolinha-francesa picada

alguns ramos de tomilho, somente as folhas

sal e pimenta-do-reino

Modo de preparo

• Preaqueça o forno a 160 °C (140 °C, caso seja um forno turbo). Unte e forre uma fôrma de pão com capacidade para 500 g com papel-manteiga.

• Junte a farinha, o azeite, os queijos e os ovos em uma tigela grande e bata até combinar.

• Acrescente os pinoli, as ervas e um pouco de tempero antes de despejar a massa na fôrma preparada.

• Asse por 45–50 minutos até dourar e crescer. Teste com um palito de madeira. Se sair limpo, o pão está no ponto.

• Coloque a fôrma sobre um aramado para esfriar antes de desenformar, fatiar e servir.

Dica

Adicione 50 g de pimentões tostados e picados à massa em vez dos pinoli.

Pãozinho de Pera e Gorgonzola

Rende 8 porções
Tempo de preparo: 10-15 minutos
Tempo de cozimento: 20–25 min

Ingredientes

2 xícaras (300 g) de farinha de trigo com fermento

½ xícara (125 ml) de azeite de oliva

¾ de xícara (75 g) de queijo parmesão ralado fino

3 ovos médios batidos

2 colheres (chá) de tomilho desidratado

2 colheres (sopa) de leite semidesnatado

¾ de xícara (75 g) de queijo gorgonzola em cubos

3 peras (variedade *Williams*) descascadas, sem miolo e fatiadas

sal e pimenta-do-reino

Dica

Substitua as fatias de pera por maçã e adicione 50 g de nozes picadas à massa.

Modo de preparo

• Preaqueça o forno a 180 °C (160 °C, caso seja um forno turbo), unte 8 minifôrmas de pão, e organize-as em uma assadeira grande.

• Junte a farinha, o azeite, o parmesão, os ovos, o tomilho desidratado e o leite em uma tigela grande e bata até combinar.

• Acrescente o gorgonzola, as fatias de pera e o tempero, e divida a mistura entre as forminhas de pão.

• Asse por 20–25 minutos até dourarem na parte de cima e crescerem.

• Verifique o ponto com um palito de madeira; se ele sair limpo, os pãezinhos estão assados.

• Coloque sobre um aramado para esfriarem antes de servir.

Flammekuche

Rende 8 porções
Tempo de preparo: 15 minutos
Tempo de cozimento: 18–22 min

Ingredientes

250 g de massa pronta para pão ou pizza

um pouco de farinha de trigo para polvilhar

1 xícara (250 g) de *sour cream*

2 cebolas brancas grandes em rodelas finas

1 xícara (150 g) de *pancetta*, cortada em cubos ou palitos

sal e pimenta-do-reino moída na hora

Modo de preparo

• Preaqueça o forno a 200 °C (180 °C, caso seja um forno turbo) e forre 1 assadeira grande com papel-manteiga.

• Abra a massa pronta sobre uma superfície ligeiramente enfarinhada até obter um retângulo grande de 5 mm de espessura.

• Coloque na assadeira e frise as beiradas usando o polegar e o indicador até que todo o contorno fique mais alto.

• Espalhe com o *sour cream* antes de cobrir com a cebola em rodelas, a *pancetta* e um pouco de tempero.

• Asse por 18–22 minutos até que a massa esteja dourada nas bordas e ligeiramente mais escura na superfície.

• Coloque sobre um aramado para esfriar um pouco antes de servir.

Dica

Polvilhe com um pouco de cebola roxa e anchovas picadas para um resultado ainda mais saboroso.

Torta Vegetariana

Rende 6 porções
Tempo de preparo: 15-20 minutos
Tempo de cozimento: 20–25 min

Ingredientes

30 ml / 2 colheres (sopa) de azeite de oliva

30 g / 2 colheres (sopa) de manteiga sem sal

2 cebolas médias picadas

3 abobrinhas médias em cubos pequenos

3 cenouras médias descascadas e em cubos

1 cabeça de brócolis japonês cortada em pequenos floretes

150 g de massa podre pronta

um pouco de farinha de trigo para polvilhar

1 ovo pequeno batido

1 colher (sopa) de sementes de gergelim branco

Dica

Polvilhe um pouco de queijo de cabra sobre a mistura de legumes antes de cobrir e assar.

Modo de preparo

• Preaqueça o forno a 180 °C (160 °C, caso seja um forno turbo).

• Aqueça o azeite e a manteiga juntos em uma tigela grande em fogo médio-alto.

• Salteie a cebola, a abobrinha e a cenoura por 5 minutos, mexendo ocasionalmente.

• Adicione o brócolis e continue a refogar em fogo mais baixo por 3–4 minutos até ficarem tenros.

• Coloque em uma fôrma para torta com capacidade para 1 kg.

• Abra a massa até ficar com 7 mm de espessura e coloque sobre o recheio na fôrma, cortando o excesso nas bordas.

• Pincele com o ovo batido e cubra com sementes de gergelim antes de assar por 20–25 minutos até que as bordas estejam douradas.

• Retire do forno e deixe esfriar por 5 minutos antes de servir.

Tortinha de Espinafre e Queijo de Cabra

Rende 8 porções
Tempo de preparo: 15 minutos
Tempo de cozimento: 15 –18 min

Ingredientes

300 g de massa folhada pronta

um pouco de farinha de trigo para polvilhar

30 ml / 2 colheres (sopa) de azeite de oliva

1 colher (sopa) de manteiga sem sal

1 dente de alho bem picado

6 xícaras (450 g) de espinafre baby lavado

1 xícara (110 g) de queijo de cabra em rodelas

sal e pimenta-do-reino

Modo de preparo

• Preaqueça o forno a 190 °C (170 °C, caso seja um forno turbo) e forre 2 assadeiras grandes.

• Abra a massa sobre uma superfície enfarinhada até ficar com 5 mm de espessura e corte 8 quadrados iguais. Coloque nas assadeiras.

• Derreta a manteiga junto com o azeite em uma frigideira em fogo médio.

• Salteie o alho por 15 segundos, acrescente o espinafre, e cozinhe até murchar. Tempere a gosto.

• Coloque o espinafre em um escorredor, pressione contra o fundo e lados para extrair o líquido, e pique bem.

• Com uma colher, espalhe sobre a massa e cubra com fatias de queijo de cabra antes de assar por 15–18 minutos até crescer e dourar nas bordas.

• Coloque sobre um aramado para esfriar um pouco antes de servir.

Dica

Polvilhe um pouco de cebola roxa sobre o queijo de cabra antes de assar.

Pãozinho de Granola

Rende 8 porções
Tempo de preparo: 20-25 minutos e mais o tempo para crescer
Tempo de cozimento: 18–22 min

Ingredientes

3 ⅓ de xícaras (500 g) de farinha de trigo integral

1 colher (chá) de sal

2 colheres (chá) de fermento biológico seco instantâneo

30 g / 2 colheres (sopa) de manteiga em cubos

⅓ de xícara (75 ml) de leite integral aquecido

1 xícara (225 ml) de água morna

um pouco mais de farinha de trigo integral para polvilhar

1 xícara (200 g) de granola especial

um pouco mais de granola para polvilhar

Dica

Para um toque de frutas, substitua 2 colheres (sopa) de granola por frutas cítricas cristalizadas variadas.

Modo de preparo

• Junte a farinha, o sal e o fermento em uma tigela grande.

• Acrescente a manteiga esfarelada e mexa até que a mistura fique parecida com farelos pequenos de pão, adicione o leite e a água aos poucos, mexendo entre cada adição até obter uma massa pegajosa.

• Vire sobre uma superfície enfarinhada e sove até ficar homogênea e elástica, acrescentando a granola durante o processo.

• Coloque em uma tigela limpa e untada, e cubra com uma toalha úmida. Reserve para crescer em um local morno por 1 hora.

• Mexa a massa para retirar o ar, divida em 8 partes e molde retângulos.

• Coloque nas assadeiras, cubra com panos, e deixe crescer por mais 1 hora.

• Preaqueça o forno a 200 °C (180 °C, caso seja um forno turbo).

• Polvilhe um pouco de granola por cima, pressione delicadamente e asse por 18–22 minutos até crescer.

• Deixe esfriar antes de servir.

Tortinha de Tomate, Queijo e Manjericão

Rende 4 porções
Tempo de preparo: 15 minutos
Tempo de cozimento: 35–40 min

Ingredientes

300 g de massa podre pronta

um pouco de farinha de trigo para polvilhar

1 xícara (250 ml) de leite integral

1 xícara (250 g) de *crème fraîche*

4 ovos grandes

sal e pimenta-do-reino

um maço pequeno de folhas de manjericão bem picado

1 xícara (150 g) de tomates-cereja em metades

1 ¼ de xícaras (125 g) de queijo de cabra em cubos

folhas extras de manjericão para decorar

Dica

Cubra as tortinhas com algumas rodelas de cebola antes de assar para obter mais cor e textura.

Modo de preparo

• Preaqueça o forno a 160 °C (140 °C, caso seja um forno turbo).

• Abra a massa sobre uma superfície enfarinhada até ficar com 5 mm de espessura e corte 4 círculos para forrar 4 fôrmas para torta caneladas para uma porção. Faça furinhos nas bases com um garfo e coloque em assadeiras.

• Bata o leite, o *crème fraîche*, os ovos e o tempero até que a mistura esteja homogênea. Acrescente o manjericão picado.

• Divida os tomates-cereja e o queijo de cabra entre as formas com a massa e encha com a mistura de ovos.

• Asse por 35–40 minutos até que a massa esteja dourada e assada e o recheio firme.

• Coloque as tortas sobre um aramado para esfriarem. Sirva mornas ou frias, decoradas com folhas de manjericão.

Miniflan de Abobrinha e Cenoura

Rende 8 porções
Tempo de preparo: 10-15 minutos
Tempo de cozimento: 25–30 min

Ingredientes

2 abobrinhas médias

2 cenouras grandes descascadas

1 ½ xícaras (375 ml) de leite integral

1 ½ xícaras (375 ml) de *crème fraîche*

6 ovos grandes

1 xícara (110 g) de queijo gruyère ralado

sal e pimenta-do-reino

um punhado de folhas de rúcula

um punhado de folhas de espinafre baby

Modo de preparo

• Preaqueça o forno a 180 °C (160 °C, caso seja um forno turbo) e unte 8 ramequins.

• Retalhe a cenoura e as abobrinhas com um ralador ou ralo do mandolin.

• Misture o leite, o *crème fraîche* e os ovos em uma tigela grande.

• Acrescente o queijo e o tempero seguidos pelos legumes retalhados.

• Divida a mistura entre os ramequins e asse por 25–30 minutos até firmar; um palito inserido no centro de cada um deve sair limpo.

• Coloque em um aramado para esfriar um pouco antes de desenformar e servir acompanhadas de folhas de rúcula e espinafre.

Dica

Estes flans podem ser preparados com pimentões variados retalhados em vez de cenoura e abobrinha.

Torta de Legumes

Rende 6 porções
Tempo de preparo: 15-20 minutos
Tempo de cozimento: 35–40 min

Ingredientes

200 g de massa podre pronta

um pouco de farinha de trigo para polvilhar

¼ de xícara (55 ml) de azeite de oliva

1 pimentão vermelho grande sem sementes e fatiado

1 pimentão verde grande sem sementes e fatiado

1 cebola em rodelas finas

⅔ de xícara (100 g) de azeitonas verdes sem caroço fatiadas

1 colher (chá) de manjericão desidratado

alguns ramos de folhas de manjericão picadas

sal e pimenta-do-reino

1 xícara (225 g) de *passata*

1 xícara (100 g) de mozarela ralada

30 ml / 2 colheres (sopa) de azeite de oliva extravirgem

Dica

Substitua a mozarela por queijo feta em cubos para um toque mais salgado.

Modo de preparo

• Preaqueça o forno a 160 °C (140 °C, caso seja um forno turbo).

• Abra a massa sobre uma superfície enfarinhada até ficar com 5 mm de espessura e use para forrar 1 fôrma para torta, redonda e canelada, de 18 cm de diâmetro.

• Faça furos na base com um garfo e leve à geladeira.

• Aqueça o azeite de oliva em uma frigideira grande e salteie o pimentão, a cebola e as azeitonas por 4–5 minutos até amolecerem.

• Acrescente o manjericão desidratado e fresco, e tempere a gosto.

• Espalhe a *passata* sobre a base de massa, cubra com os legumes e azeitonas, polvilhe com a mozarela, e regue com o azeite antes de assar por 35–40 minutos até dourar nas bordas e escurecer ligeiramente no topo.

• Coloque sobre um aramado para esfriar um pouco antes de fatiar e servir.

Muffin de Queijo de Cabra e Ervilha

Rende 12 porções
Tempo de preparo: 10 minutos
Tempo de cozimento: 18–20 min

Ingredientes

2 ⅔ de xícaras (300 g) de farinha de trigo com fermento peneirada

1 colher (chá) de fermento químico

sal e pimenta-do-reino moída na hora

1 ½ xícaras (165 g) de queijo de cabra em cubos

1 xícara (110 g) de ervilhas congeladas (descongeladas)

⅓ de xícara (75 ml) de óleo de girassol

⅓ de xícara (75 g) de manteiga derretida

3 ovos médios

Dica

Substitua as ervilhas por 100 g de *pancetta* em cubos para um toque ainda mais saboroso.

Modo de preparo

• Preaqueça o forno a 180 °C (160 °C, caso seja um forno turbo) e forre 12 ramequins com papel-manteiga.

• Misture a farinha, o fermento e uma generosa quantidade de tempero em uma tigela grande.

• Acrescente o queijo de cabra e as ervilhas e reserve.

• Bata o óleo, a manteiga e os ovos antes de acrescentar os ingredientes secos; cuidado para não bater a massa em excesso. Ela deve ficar úmida, mas grumosa.

• Coloque nos ramequins preparados e disponha em uma assadeira.

• Asse por 18–20 minutos até que cresçam e dourem. Teste com um palito de madeira. Se sair limpo, os muffins estão no ponto.

• Coloque sobre um aramado para esfriar antes de desenformar e servir.

Pão de Bacon, Ervas e Queijo

Rende 1 pão grande
Tempo de preparo: 15-20 minutos e mais o tempo para crescer
Tempo de cozimento: 30–35 min

Ingredientes

4 xícaras (600 g) de farinha de trigo especial para pães

1 colher (sopa) de açúcar refinado

1 colher (chá) de sal

3 colheres (chá) de fermento biológico seco

¼ de xícara (55 ml) de azeite de oliva

1 ¾ de xícaras (425 ml) de água morna

um pouco mais de farinha de trigo para polvilhar

1 xícara (110 g) de queijo de cabra em cubos

½ xícara (55 g) de queijo cheddar ralado

um maço pequeno de cebolinha-francesa picada

alguns ramos de salsinha lisa picada fina

⅔ de xícara (100 g) de *pancetta*, em cubos bem pequenos

Dica

Substitua a salsinha e a cebolinha por folhas de manjericão rasgadas para um toque italiano.

Modo de preparo

• Junte a farinha, o sal e o açúcar em uma tigela.

• Acrescente o fermento, a água morna e o azeite e misture com as mãos até formar uma massa.

• Adicione o queijo, as ervas e a maior parte da *pancetta*. Mexa bem.

• Sove sobre uma superfície enfarinhada por 8–10 minutos até que a massa esteja homogênea e elástica.

• Cubra com um pano úmido e deixe crescer em local morno até dobrar de tamanho; 45–60 minutos.

• Mexa a massa para retirar o ar e sove por 5 minutos sobre uma superfície enfarinhada antes de moldar o pão.

• Coloque em uma assadeira untada e cubra com um pano úmido. Deixe crescer por 30 minutos.

• Preaqueça o forno a 180 °C (160 °C, caso seja um forno turbo).

• Polvilhe com o restante da *pancetta* e asse por 30–35 minutos até crescer e, ao receber batidinhas no fundo, o pão faça um som oco.

Tortinha de Espinafre e Roquefort

Rende 8 porções
Tempo de preparo: 20 min
Tempo de cozimento: 15–10 min

Ingredientes

1 colher (sopa) de manteiga sem sal

30 ml / 2 colheres (sopa) de azeite de oliva

6 xícaras (450 g) de espinafre baby lavado

sal e pimenta-do-reino

350 g de massa folhada pronta

um pouco de farinha de trigo para polvilhar

1 ½ xícaras (150 g) de queijo roquefort em cubos

2 ovos pequenos batidos

Dica

Para uma versão de sabor amendoado, substitua o queijo roquefort do recheio por pinoli.

Modo de preparo

• Preaqueça o forno a 200 °C (180 °C, caso seja um forno turbo) e forre 2 assadeiras grandes com papel-manteiga.

• Derreta a manteiga junto com o azeite em uma frigideira e refogue o espinafre até murchar.

• Escorra bem antes de temperar e picar grosseiramente.

• Abra a massa em uma superfície ligeiramente enfarinhada; corte 8 quadrados de aproximadamente 10 cm x 10 cm x 0,5 cm.

• Coloque nas assadeiras e cubra com o espinafre e o roquefort; pincele as bordas com um pouco de ovo batido.

• Dobre um canto sobre o recheio, sele bem com o canto oposto, e repita com cada torta.

• Marque ligeiramente com uma faca e pincele com mais ovo antes de assar por 15–20 minutos até dourar e crescer.

• Coloque sobre um aramado para esfriar um pouco antes de servir.

Pão Redondo com Gergelim

Rende 12 porções
Tempo de preparo: 20-25 minutos e mais o tempo para crescer
Tempo de cozimento: 10–14 min

Ingredientes

5 xícaras (750 g) de farinha de trigo especial para pães

2 colheres (chá) de fermento biológico seco instantâneo

2 colheres (chá) de açúcar refinado

2 colheres (chá) de sal

1 ¾ de xícaras (425 ml) de água morna

¼ de xícara (55 ml) de azeite de oliva

um pouco mais de farinha de trigo especial para pães para polvilhar

½ xícara (55 g) de sementes de gergelim branco

Dica

Substitua as sementes de gergelim branco por preto para um contraste visual.

Modo de preparo

• Junte a farinha, o fermento, o açúcar e o sal em uma tigela, mexa e faça uma cova no centro.

• Acrescente a maior parte da água e do óleo e misture aos poucos até obter uma massa pegajosa.

• Acrescente mais água, se necessário, antes de virar sobre uma superfície enfarinhada e sovar até que a mistura esteja homogênea e elástica.

• Coloque em uma tigela limpa, untada, cubra com um pano úmido e deixe crescer em um local morno por 1 hora.

• Mexa a massa, para retirar o ar, e divida em 12 bolas. Molde e coloque em assadeiras. Cubra e deixe crescer por 1 hora.

• Preaqueça o forno a 220 °C (200 °C, caso seja um forno turbo).

• Faça cortes rasos, em forma de raios, na massa, cubra com sementes de gergelim, e asse por 10-14 minutos até crescer e dourar.

• Sirva mornos ou frios.

Quiche de Abobrinha, Queijo e Menta

Rende 6 porções
Tempo de preparo: 10-15 minutos
Tempo de cozimento: 40–45 min

Ingredientes

300 g de massa podre pronta

um pouco de farinha de trigo para polvilhar

½ xícara (100 g) de ricota

¾ de xícara (75 g) de queijo feta esfarelado

1 xícara (250 ml) de leite integral

1 xícara (250 g) de *crème fraîche*

4 ovos grandes

sal e pimenta-do-reino

1 abobrinha grande fatiada

um punhado pequeno de folhas de menta fatiadas finas

Dica

Substitua a ricota e o queijo feta por queijo roquefort e stilton para uma variação com *blue cheese*.

Modo de preparo

• Preaqueça o forno a 160 °C (140 °C, caso seja um forno turbo).

• Abra a massa sobre uma superfície enfarinhada até ficar com 5 mm de espessura e use para forrar 1 fôrma para torta canelada com 20 cm de diâmetro. Faça furinhos na base com um garfo e cubra com a ricota e o queijo feta.

• Bata o leite, o *crème fraîche*, os ovos e o tempero até obter uma mistura homogênea.

• Com cuidado, despeje na massa sobre os queijos antes de cobrir com as fatias de abobrinha em uma única camada.

• Asse por 40–45 minutos até que a massa esteja dourada e cozida e o recheio firme.

• Retire do forno e deixe esfriar. Sirva morno ou frio, polvilhado com as folhas de menta fatiadas.

Flan de Cenoura e Cúrcuma

Rende 4 porções
Tempo de preparo: 15 minutos
Tempo de cozimento: 35–40 min

Ingredientes

2 cenouras médias descascadas e em cubos

30 g / 2 colheres (sopa) de manteiga amolecida

1 ⅓ de xícaras (325 ml) de leite integral

1 xícara (250 g) de *crème fraîche*

4 ovos médios

½ colher (chá) de cúrcuma em pó

½ colher (chá) de curry suave em pó

sal e pimenta-do-reino

um pouco mais de cúrcuma em pó para polvilhar

um pouco mais de curry suave para polvilhar

Dica

Substitua a cúrcuma por coentro em pó e finalize cobrindo com coentro fresco picado.

Modo de preparo

• Preaqueça o forno a 160 °C (140 °C, caso seja um forno turbo), unte 4 fôrmas para suflê e coloque em uma assadeira.

• Cozinhe as cenouras em uma panela de água salgada fervente por 8–10 minutos até ficarem tenras. Escorra e bata junto com a manteiga em um processador até obter uma mistura homogênea, e despeje em uma tigela.

• Bata o leite, o *crème fraîche* e os ovos até uniformizar, acrescente a cúrcuma, o curry e o tempero e bata novamente.

• Adicione o purê de cenoura e divida a mistura entre as fôrmas.

• Asse por 35–40 minutos até firmar; um palito inserido no centro de cada um deve sair limpo.

• Coloque em um aramado para esfriar um pouco antes de polvilhar com a cúrcuma e o curry, e servir.

Torta de Carne

Rende 6 porções
Tempo de preparo: 15-20 minutos
Tempo de cozimento: 20–25 min

Ingredientes

30 g / 2 colheres (sopa) de manteiga sem sal

1 colher (sopa) de óleo de girassol

1 cebola grande em rodelas finas

4 xícaras (600 g) de acém limpo e cortado em cubos

300 g de massa podre pronta dividida em dois pedaços

um pouco de farinha de trigo para polvilhar

1 ovo grande batido

sal e pimenta-do-reino

Modo de preparo

• Preaqueça o forno a 190 °C (170 °C, caso seja um forno turbo).

• Derreta a manteiga junto com o óleo em uma frigideira até parar de espumar, adicione a cebola e o tempero, e salteie até começar a dourar.

• Acrescente a carne e continue a refogar por 5 minutos antes de reservar.

• Abra a massa em círculos de 18 cm de diâmetro e 5 mm de espessura sobre uma superfície enfarinhada, cortando para modelar.

• Coloque um pedaço na assadeira, retire todo o líquido da carne e cebolas e coloque no centro da massa, espalhando bem. Cubra com o outro círculo de massa e sele firmemente.

• Decore com sobras de massa e pincele com o ovo. Asse por 20–25 minutos até dourar completamente.

• Retire do forno e deixe esfriar antes de fatiar e servir.

Dica

Experimente substituir o acém por pernil ou paleta de cordeiro.

Torta de Cogumelos

Rende 6 porções
Tempo de preparo: 15 minutos
Tempo de cozimento: 20–25 min

Ingredientes

¼ de xícara (55 g) de manteiga sem sal

1 colher (sopa) de azeite de oliva

4 ½ xícaras (350 g) de cogumelos selvagens variados

1 ramo de tomilho

sal e pimenta-do-reino

300 g de massa folhada pronta

um pouco de farinha de trigo para polvilhar

1 ovo grande batido

Dica

Adicione 75 g de queijo feta em cubos aos cogumelos para um toque picante.

Modo de preparo

• Preaqueça o forno a 190 °C (170 °C, caso seja um forno turbo).

• Derreta a manteiga junto com o azeite em uma frigideira em fogo médio-alto.

• Salteie os cogumelos, o tomilho e os temperos por 5–7 minutos, até ficarem tenros. Coloque em um processador de alimentos, descartando o tomilho.

• Bata três vezes pressionando a tecla pulsar e reserve.

• Divida a massa em duas e abra cada uma sobre uma superfície enfarinhada até ficar com 20 cm de diâmetro e com 5 mm de espessura.

• Coloque um círculo em uma assadeira e cubra com o recheio de cogumelos.

• Cubra com o outro círculo, sele as bordas e pincele completamente com o ovo batido.

• Marque levemente a superfície com um garfo antes de assar por 20–25 minutos até dourar.

• Retire do forno e deixe esfriar por alguns minutos antes de fatiar e servir.

Quiche de Salmão Defumado, Queijo Comté e Espinafre

Rende 6 porções
Tempo de preparo: 15-20 minutos
Tempo de cozimento: 40–50 min

Ingredientes

250 g de massa podre pronta
um pouco de farinha de trigo para polvilhar
30 ml / 2 colheres (sopa) de azeite de oliva
5 xícaras (375 g) de espinafre baby lavado
sal e pimenta-do-reino
2 xícaras (300 g) de filés de salmão defumado sem pele e em cubos
¾ de xícara (175 ml) de leite integral
¾ de xícara (175 ml) de creme de leite fresco
4 ovos grandes
1 xícara (100 g) de queijo comté ralado fino
um pouco mais de espinafre baby para servir

Dica

Este quiche combina igualmente bem com bacalhau ou hadoque substituindo o salmão defumado.

Modo de preparo

• Preaqueça o forno a 160 °C (140 °C, caso seja um forno turbo).

• Abra a massa sobre uma superfície enfarinhada até ficar com 5 mm de espessura e use para forrar 1 fôrma para torta de 18 cm de diâmetro. Faça furos na base com um garfo e leve à geladeira.

• Aqueça o azeite em uma frigideira grande e refogue o espinafre com o tempero até murchar. Escorra bem, divida em dois e pique bem uma das metades.

• Forre a base de massa com o espinafre picado e salpique com o salmão.

• Bata o leite, o creme de leite, os ovos e o tempero até obter uma mistura homogênea. Então acrescente o restante do espinafre.

• Despeje sobre a massa o espinafre e cubra com queijo comté.

• Asse por 40–50 minutos até que a massa esteja cozida e o recheio firme.

• Retire do forno e reserve por alguns minutos antes de fatiar e servir com mais folhas de espinafre baby.

Quiche de Salmão e Espinafre

Rende 6 porções
Tempo de preparo: 15-20 minutos
Tempo de cozimento: 40–50 min

Ingredientes

250 g de massa podre pronta

um pouco de farinha de trigo para polvilhar

30 ml / 2 colheres (sopa) de azeite de oliva

5 xícaras (375 g) de espinafre baby lavado

sal e pimenta-do-reino

1 ⅔ de xícaras (250 g) de filé de salmão sem pele em cubos

1 xícara (250 ml) de leite integral

1 xícara (250 g) de *crème fraîche*

5 ovos grandes

1 xícara (100 g) de queijo cheddar ralado fino

Dica

Experimente substituir o salmão por *pancetta* em cubos para um sabor defumado.

Modo de preparo

• Preaqueça o forno a 160 °C (140 °C, caso seja um forno turbo).

• Abra a massa sobre uma superfície enfarinhada até ficar com 5 mm de espessura e use para forrar 1 fôrma para torta de 18 cm de diâmetro. Faça furos na base com um garfo e leve à geladeira.

• Aqueça o azeite em uma frigideira grande e refogue o espinafre com o tempero até murchar. Escorra bem, divida em dois e pique bem uma das metades.

• Forre a base de massa com o espinafre picado e salpique com o salmão.

• Bata o leite, o *crème fraîche*, 4 ovos e o tempero até obter uma mistura homogênea. Então acrescente o restante do espinafre.

• Despeje na fôrma forrada com a massa e cubra com cheddar. Bata o ovo restante e use para pincelar a massa.

• Asse por 40–50 minutos até que a massa esteja cozida e o recheio firme.

• Retire do forno. Deixe esfriar antes de fatiar e servir.

Clafoutis de Cereja e Tomate

Rende 4 porções
Tempo de preparo: 15 minutos
Tempo de cozimento: 25–30 min

Ingredientes

2 xícaras (300 g) de farinha de trigo peneirada

2 xícaras (500 ml) de leite integral

6 ovos médios, batidos

sal e pimenta-do-reino

1 ⅓ de xícaras (200 g) de tomates-cereja em metades

algumas folhas de cebolinha-francesa picada

½ colher (chá) de páprica

Modo de preparo

• Preaqueça o forno a 160 °C (140 °C, caso seja um forno turbo).

• Junte a farinha, o leite e os ovos em uma tigela grande e bata bem até obter uma massa lisa.

• Divida entre 4 ramequins rasos e salpique com as metades de tomate-cereja.

• Coloque em assadeiras e asse por 25–30 minutos até dourar na superfície e firmar.

• Coloque sobre aramados para esfriar por 5 minutos, decore com cebolinha-francesa picada e polvilhe com páprica.

Dica

Polvilhe com queijo ralado antes de assar para uma cobertura gratinada.

Quiche de Maçã, Queijo e Rúcula

Rende 6 porções
Tempo de preparo: 15 minutos
Tempo de cozimento: 35–45 min

Ingredientes

250 g de massa podre pronta

um pouco de farinha de trigo para polvilhar

2 maçãs (variedade *Granny Smith*) sem miolo e retalhadas

1 ⅓ de xícaras (75 g) de rúcula

1 ½ de xícaras (150 g) de queijo de cabra fatiado

¾ de xícara (180 ml) de leite integral

¾ de xícara (180 g) de *crème fraîche*

4 ovos pequenos

sal e pimenta-do-reino

1 xícara (100 g) de queijo gruyère ralado fino

folhas extras de rúcula para decorar

Dica

A rúcula no recheio pode ser substituída por acelga refogada ou até mesmo couve-de-folhas.

Modo de preparo

• Preaqueça o forno a 160 °C (140 °C, caso seja um forno turbo).

• Abra a massa sobre uma superfície enfarinhada até ficar com 5 mm de espessura e use para forrar uma fôrma para torta de 15 cm de diâmetro. Faça furinhos na base com um garfo e cubra com a maçã retalhada e a rúcula.

• Coloque fatias de queijo de cabra uniformemente sobre a massa, bata o leite, o *crème fraîche*, os ovos e o tempero até obter uma mistura homogênea.

• Com cuidado, despeje sobre a massa e cubra com o gruyère ralado.

• Asse por 35–45 minutos até que a massa esteja dourada e cozida e o recheio firme.

• Retire do forno e deixe esfriar. Sirva morno ou frio com mais folhas de rúcula.

Pão de Grãos Orgânico

Rende 2 pães médios
Tempo de preparo: 20-25 minutos e mais o tempo para crescer
Tempo de cozimento: 35–45 min

Ingredientes

6 ⅔ de xícaras (1 kg) de farinha de trigo especial para pães
4 colheres (chá) de fermento biológico seco instantâneo
2 colheres (chá) de açúcar refinado
2 colheres (chá) de sal
¼ de xícara (55 g) de manteiga em cubos
1 ¾ de xícaras (450 ml) de água morna
1 xícara (250 ml) de leite semidesnatado
um pouco mais de farinha de trigo para polvilhar
⅓ de xícara (55 g) de sementes de gergelim branco
⅓ de xícara (55 g) de flocos de aveia
¼ de xícara (30 g) de sementes de gergelim preto
¼ de xícara (30 g) de sementes de papoula negra

Dica

Sove 50 g de queijo cheddar ralado com a massa para uma versão especial.

Modo de preparo

• Junte a farinha, o sal e o açúcar em uma tigela grande, mexendo bem.

• Acrescente a manteiga esfarelada e mexa até que a mistura fique parecida com farelos pequenos de pão, adicione a água e o leite, mexendo até obter uma massa grossa.

• Sove sobre uma superfície enfarinhada por 12–15 minutos até ficar homogênea e elástica. Reserve para crescer em uma tigela untada e coberta, em local morno, por 1 hora.

• Mexa a massa para retirar o ar, acrescente metade das sementes e da aveia, e sove. Divida ao meio, molde ovais e coloque nas assadeiras untadas.

• Cubra frouxamente e deixe crescer por mais uma hora.

• Preaqueça o forno a 190 °C (170 °C, caso seja um forno turbo) e salpique os pães com as sementes e aveia restantes antes de assar por 35–45 minutos até dourar.

• Coloque sobre um aramado para esfriarem antes de servir.

Quiche de Alho-poró e Roquefort

Rende 6 porções
Tempo de preparo: 15 minutos
Tempo de cozimento: 35–40 min

Ingredientes

350 g de massa podre pronta

um pouco de farinha de trigo para polvilhar

1 xícara (250 ml) de leite integral

1 xícara (250 g) de *crème fraîche*

4 ovos grandes

sal e pimenta-do-reino

1 alho-poró fatiado fino lavado e seco

1 ½ xícaras (150 g) de queijo roquefort em cubos

1 xícara (150 g) de tomates-cereja em metades

1 xícara (50 g) de rúcula

Dica

Experimente colocar um punhado de nozes picadas sobre o quiche antes de assar.

Modo de preparo

• Preaqueça o forno a 160 °C (140 °C, caso seja um forno turbo).

• Abra a massa sobre uma superfície enfarinhada até ficar com 5 mm de espessura e corte 6 círculos para forrar 6 forminhas para torta; fure as bases com um garfo e coloque as fôrmas em assadeiras.

• Bata o leite, o *crème fraîche*. os ovos e o tempero até obter uma mistura homogênea.

• Divida o alho-poró e o queijo roquefort entre as massas e recheia com a mistura de ovo.

• Asse por 30–35 minutos até que a massa esteja dourada e cozida e o recheio firme.

• Coloque sobre um aramado para esfriar; sirva mornas ou frias, acompanhadas de salada de tomate e rúcula.

Torta de Carne, Pimentão e Cenoura

Rende 6 porções
Tempo de preparo: 15 minutos
Tempo de cozimento: 25–30 min

Ingredientes

30 ml / 2 colheres (sopa) de óleo de girassol

1 colher (sopa) de manteiga sem sal

1 cebola picada

2 cenouras médias

1 pimentão vermelho grande sem sementes e cortado em cubos

4 xícaras (600 g) de acém limpo e cortado em cubos

1 xícara (250 ml) de caldo de carne

1 colher (chá) de tomilho desidratado

1 colher (chá) de alecrim desidratado

1 folha de louro

300 g de massa podre pronta

um pouco de farinha de trigo para polvilhar

1 ovo batido

Dica

Substitua a cebola por 75 g de cogumelos selvagens variados no recheio.

Modo de preparo

• Preaqueça o forno a 190 °C (170 °C, caso seja um forno turbo).

• Aqueça o óleo e a manteiga juntos em uma panela grande e salteie a cebola, as cenouras e o pimentão por 5 minutos.

• Adicione a carne e doure, depois cubra com o caldo e adicione as ervas.

• Cozinhe em fogo brando por 10 minutos, escorra a mistura e descarte a folha de louro.

• Abra dois terços da massa sobre uma superfície enfarinhada até ficar com 5 mm de espessura e use para forrar 1 fôrma para torta, canelada, com 20 cm de diâmetro. Faça furos com um garfo e leve à geladeira.

• Depois que a carne e os legumes esfriarem, coloque sobre a massa usando uma colher.

• Abra o restante da massa até ficar com 5 mm e use para cobrir o recheio de carne, selando bem as bordas. Pincele com o ovo batido.

• Fure toda a superfície com um garfo antes de assar por 25–30 minutos até dourar e cozinhar completamente.

Torta de Acelga e Pinoli

Rende 6 porções
Tempo de preparo: 15-20 minutos
Tempo de cozimento: 35–45 min

Ingredientes

250 g de massa podre pronta dividida em dois pedaços

um pouco de farinha de trigo para polvilhar

30 ml / 2 colheres (sopa) de azeite de oliva

2 colheres (sopa) de manteiga

1 cebola branca bem picada

6 xícaras (450 g) de acelga suíça sem os talos

sal e pimenta-do-reino

1 xícara (150 g) de pinoli

1 gema grande batida

Modo de preparo

- Preaqueça o forno a 180 °C (160 °C, caso seja um forno turbo).

- Abra a massa sobre uma superfície enfarinhada até ficar com 5 mm de espessura e use para forrar uma fôrma para torta quadrada de 15 cm. Faça furos com um garfo e leve à geladeira.

- Aqueça o azeite e a manteiga em uma panela em fogo médio e salteie a cebola e a acelga por 3–4 minutos. Tempere a gosto.

- Escorra a mistura em um escorredor e reserve.

- Forre a massa com os pinoli e cubra com a acelga. Abra o restante da massa até ficar com 5 mm de espessura e use para cobrir a torta, selando bem nas bordas.

- Pincele a superfície com a gema e faça um pequeno furo antes de assar por 35–45 minutos até dourar e cozinhar completamente.

- Coloque sobre um aramado para esfriar antes de cortar e servir.

Dica

Queijo feta esfarelado é uma ótima substituição para os pinoli.

Pão de Frutas Secas

Rende 8 porções
Tempo de preparo: 10-15 minutos
Tempo de cozimento: 40–50 min

Ingredientes

⅔ de xícara (150 g) de manteiga sem sal amolecida
⅔ de xícara (150 g) de açúcar refinado
3 ovos pequenos
1 ⅓ de xícaras (200 g) de farinha de trigo
1 ½ colheres (chá) de fermento químico
½ xícara (75 g) de cerejas cristalizadas picadas
½ xícara (75 g) de uvas-passas
½ xícara (75 g) de uvas-passas brancas
⅓ de xícara (55 g) de passas de Corinto
½ xícara (55 g) de amêndoas laminadas

Dica
Acrescente um punhado grande de gotas de chocolate à massa para uma versão variada do pão.

Modo de preparo

• Preaqueça o forno a 160 °C (140 °C, caso seja um forno turbo) e forre 1 fôrma de pão com capacidade para 1 kg com papel-manteiga.

• Bata a manteiga e o açúcar em uma tigela até obter um creme claro e espesso.

• Acrescente os ovos, um de cada vez, misturando uma colher (sopa) de farinha depois de cada adição.

• Coloque o restante da farinha e do fermento e mexa até ficar homogêneo. Então adicione as frutas desidratadas e as amêndoas.

• Despeje na fôrma, dê algumas batidinhas para nivelar a massa, e asse por 40–50 minutos até dourar e crescer. Teste com um palito de madeira. Se sair limpo, o pão está no ponto.

• Coloque sobre um aramado e deixe esfriar antes de desenformar, fatiar e servir.

Miniquiche de Alcachofra e Tomate

Rende 4 porções
Tempo de preparo: 15 minutos
Tempo de cozimento: 35–40 min

Ingredientes

300 g de massa podre pronta

um pouco de farinha de trigo para polvilhar

2 xícaras (400 g) de corações de alcachofra em conserva escorridos e picados

⅔ de xícara (100 g) de tomates-cereja em metades

1 xícara (250 ml) de leite integral

1 xícara (250 g) de *crème fraîche*

4 ovos grandes

sal e pimenta-do-reino

½ xícara (55 g) de queijo cheddar ralado fino

Modo de preparo

• Preaqueça o forno a 160 °C (140 °C, caso seja um forno turbo).

• Abra a massa sobre uma superfície enfarinhada até ficar com 5 mm de espessura e corte 4 círculos para forrar 4 forminhas para torta. Faça furinhos nas bases com um garfo e coloque em assadeiras.

• Divida igualmente as metades dos tomates e as alcachofras entre as massas.

• Bata o leite, o *crème fraîche*, os ovos e o tempero até obter uma mistura homogênea, então despeje sobre o recheio de tomate e alcachofra.

• Cubra com o cheddar ralado e asse por 30–35 minutos até que a massa esteja dourada e cozida e o recheio firme.

• Coloque as tortas sobre um aramado e deixe esfriar antes de servir, mornas ou frias.

Dica

Um punhado pequeno de azeitonas pretas sem caroço e picadas, dão um saboroso toque salgado ao recheio.

Miniflan de Chanterelle e Presunto

Rende 6 porções
Tempo de preparo: 15 minutos
Tempo de cozimento: 25–30 min

Ingredientes

2 colheres (sopa) de manteiga

1 colher (sopa) de óleo de girassol

1 ⅔ de xícaras (125 g) de cogumelos *chanterelles*, limpos com uma escova

⅔ de xícara (100 g) de *prosciutto* fatiado

1 ½ xícaras (375 ml) de leite integral

1 ½ xícaras (375 ml) de *crème fraîche*

6 ovos grandes

1 xícara (110 g) de queijo gruyère ralado

sal e pimenta-do-reino

Dica

Substitua o queijo gruyère pela mesma quantidade de gorgonzola para um toque ainda mais agradável.

Modo de preparo

• Preaqueça o forno a 160 °C (140 °C, caso seja um forno turbo) e coloque 6 ramequins em uma assadeira.

• Derreta a manteiga junto com o óleo em uma frigideira em fogo médio.

• Salteie os chanterelles por 2–3 minutos, mexendo ocasionalmente, adicione o *prosciutto* e refogue por mais 1 minuto. Reserve.

• Misture o leite, o *crème fraîche* e os ovos em uma tigela grande.

• Acrescente o queijo e tempere a gosto.

• Divida a mistura entre os ramequins e cubra com os chanterelles e o *prosciutto*.

• Asse por 25–30 minutos até firmar; um palito inserido no centro de cada um deve sair limpo.

• Coloque sobre um aramado para esfriar um pouco antes de servir.

Torta de Frango

Rende 8 porções
Tempo de preparo: 15-20 minutos
Tempo de cozimento: 45–50 min

Ingredientes

¼ de xícara (55 g) de manteiga sem sal

⅓ de xícara (55 g) de farinha de trigo

2 xícaras (500 ml) de leite integral

8 sobrecoxas de frango sem pele e sem osso, e cortadas em cubos

um punhado pequeno de salsinha lisa bem picada

sal e pimenta-do-reino

350 g de massa podre pronta dividida em dois pedaços

um pouco de farinha de trigo para polvilhar

1 ovo grande batido

Dica

Substitua as sobrecoxas de frango por 50 g de chouriço picado para um toque picante.

Modo de preparo

• Preaqueça o forno a 180 °C (160 °C, caso seja um forno turbo).

• Derreta a manteiga em uma panela grande, acrescente a farinha e misture até ficar homogênea.

• Cozinhe o *roux* por 1 minuto e misture lentamente o leite até formar um molho.

• Cozinhe em fogo brando por 5 minutos até engrossar e adicione o frango. Deixe cozinhar por 5 minutos, tempere e acrescente a salsinha.

• Abra os pedaços de massa sobre uma superfície enfarinhada até ficarem com 7 mm de espessura e use um deles para forrar uma fôrma para torta de 20 cm de diâmetro.

• Faça furinhos na base e recheie com o frango. Cubra com o outro pedaço de massa e sele bem as bordas.

• Pincele com ovo, faça um furo no centro e desenhe folhas na superfície usando uma faca.

• Asse por 45–50 minutos até dourar. Deixe descansar por 5 minutos antes de servir.

Bolinho de Alho-poró e Salmão

Rende 12 porções
Tempo de preparo: 15 minutos
Tempo de cozimento: 15-18 min

Ingredientes

½ xícara (110 g) de manteiga derretida e fria

½ alho-poró fatiado fino e lavado

⅔ de xícara (110 g) de farinha de trigo

2 ovos grandes, clara e gema separadas

¾ de xícara (75 g) de queijo parmesão ralado fino

1 xícara (150 g) de aparas de salmão defumado

um maço pequeno de cebolinha-francesa picada

sal e pimenta-do-reino

Modo de preparo

• Preaqueça o forno a 180 °C (160 °C, caso seja um forno turbo) e unte uma fôrma para cupcakes de 12 cavidades com um pouco de manteiga derretida.

• Aqueça 1 colher (sopa) de manteiga derretida em uma frigideira e salteie o alho-poró por 5 minutos, até amolecer.

• Junte a farinha, as gemas e o restante da manteiga com o parmesão, os temperos, a maior parte da cebolinha e metade do salmão defumado e o alho-poró refogado.

• Bata as claras com uma pitada de sal em outra tigela até o ponto de neve, e acrescente à mistura de farinha.

• Coloque nas cavidades da fôrma e asse por 15–18 minutos até dourar e crescer.

• Retire do forno e deixe esfriar antes de desenformar e cobrir com o restante do salmão defumado, a cebolinha e alho-poró.

Dica

Substitua a cebolinha-francesa na receita por folhas de estragão picadas

Bolinho de Caranguejo

Rende 6 porções
Tempo de preparo: 10-15 minutos
Tempo de cozimento: 18–22 min

Ingredientes

¾ de xícara (125 g) de farinha de trigo peneirada

¾ de xícara (125 g) de carne de caranguejo branca

⅓ de xícara (75 g) de manteiga sem sal, derretida e fria

¾ de xícara (75 g) de queijo parmesão, ralado fino

2 colheres (chá) de curry suave em pó

2 ovos grandes, clara e gema separadas

uma pitada de sal

algumas folhas de alface manteiga rasgadas

2 colheres (sopa) de ovas de salmão

Dica

Substitua o parmesão por queijo de cabra em cubos para dar um sabor mais forte aos bolinhos.

Modo de preparo

• Preaqueça o forno a 200 °C (180 °C, caso seja um forno turbo) e unte 6 ramequins canelados pequenos.

• Junte a farinha, 100 g da carne de caranguejo, a manteiga e o parmesão em uma tigela grande, acrescente as gemas e uma colher (chá) de curry em pó e mexa até obter uma mistura homogênea.

• Bata as claras com uma pitada de sal em outra tigela até o ponto de neve.

• Incorpore na mistura de caranguejo, coloque a massa nos ramequins e depois em uma assadeira.

• Asse por 18–22 minutos até dourar e crescer.

• Coloque sobre um aramado para esfriar.

• Desenforme depois de frios e decore a superfície com alface, ovas de salmão, o restante da carne de caranguejo e uma pitada de curry em pó.

Pão de Chouriço

Rende 1 pão
Tempo de preparo: 10 minutos
Tempo de cozimento: 40–45 min

Ingredientes

2 ovos grandes batidos

½ xícara (125 g) de manteiga derretida e fria

1 ⅔ de xícaras (250 g) de farinha de trigo com fermento peneirada

¼ de colher (chá) de fermento químico

1 xícara (110 g) de queijo cheddar ralado fino

sal e pimenta-do-reino

1 xícara (150 g) de chouriço cortado em cubos

2 colheres (sopa) de leite

Dica

Para uma versão vegetariana, substitua o chouriço por azeitonas variadas, sem caroço

Modo de preparo

• Preaqueça o forno a 170 °C (150 °C, caso seja um forno turbo) e unte 1 fôrma para pão com capacidade para 500 g.

• Bata os ovos e a manteiga juntos.

• Misture a farinha, o fermento, o queijo e o tempero em uma tigela, acrescente os ingredientes líquidos e mexa ligeiramente até obter uma massa grossa.

• Adicione o chouriço de maneira que fique igualmente distribuído ante de colocar na fôrma.

• Asse por 40–45 minutos até dourar e crescer. Teste com um palito de madeira. Se sair limpo, o pão está no ponto.

• Retire do forno e pincele imediatamente com o leite. Deixe esfriar antes de desenformar e fatiar.

Bolo de Tomate, Mozarela e Manjericão

Rende 6 porções
Tempo de preparo: 10 minutos
Tempo de cozimento: 35–45 min

Ingredientes

1 ⅔ de xícaras (250 g) de farinha de trigo com fermento peneirada

½ xícara (125 ml) de azeite de oliva

1 xícara (110 g) de mozarela ralada

2 ovos grandes batidos

1 ⅓ de xícaras (150 g) de tomates-cereja em metades

½ xícara (30 g) de folhas de manjericão retalhadas

sal e pimenta-do-reino

Modo de preparo

• Preaqueça o forno a 180 °C (160 °C, caso seja um forno turbo) e unte 1 fôrma para pão com capacidade para 500 g.

• Bata a farinha, o azeite, a mozarela e os ovos em uma tigela grande até combinar.

• Incorpore os tomates-cereja, o manjericão e um pouco de tempero antes de colocar na fôrma preparada. Asse por 35–45 minutos. Teste com um palito de madeira. Se sair limpo, o bolo está no ponto.

• Coloque a fôrma sobre um aramado para esfriar antes de desenformar, fatiar e servir.

Dica

Substitua metade da mozarela por 75 g de queijo de cabra em cubos para um sabor mais forte.

Biscoitos e Tortas

Paris-Brest de Morango

Rende 8 porções
Tempo de preparo: 10-15 minutos
Tempo de cozimento: 20–25 min

Ingredientes

1 ⅓ de xícaras (300 ml) de água

½ xícara (110 g) de manteiga sem sal amolecida

1 xícara (150 g) de farinha de trigo peneirada

30 g / 2 colheres (sopa) de açúcar refinado

uma pitada de sal

4 ovos médios, batidos

3–4 colheres (sopa) de amêndoas laminadas

Para decorar

chantili em spray

3 xícaras (350 g) de morangos sem talos

2 colheres (sopa) de açúcar de confeiteiro

Dica

Framboesas e groselhas podem ser ótimas opções adicionadas aos morangos.

Modo de preparo

• Preaqueça o forno a 200 °C (180 °C, caso seja um forno turbo) e unte 1 assadeira.

• Derreta a manteiga junto com a água em uma panela, acrescente a farinha, o sal e o açúcar e bata até começar a soltar dos lados.

• Adicione a maior parte dos ovos e bata até obter uma mistura homogênea e brilhante.

• Coloque em um saco para confeitar, faça um anel de 20 cm de largura sobre a assadeira, e depois outro anel de massa dentro do primeiro margeando sua parte interna.

• Confeite outro anel por cima, pincele com ovo e polvilhe com amêndoas laminadas.

• Asse por 20–25 minutos até dourar; coloque em um aramado para esfriar.

• Remova a parte de cima da base mais larga e esprema chantili sobre a parte de baixo e espalhe os morangos por cima.

• Cubra com o anel de massa e polvilhe com o açúcar de confeiteiro.

Torta de Frutas e Fromage Blanc

Rende 8 porções
Tempo de preparo: 15 minutos
Tempo de cozimento: 45–50 min

Ingredientes

⅔ de xícara (110 g) de biscoitos digestivos esmagados

¼ de xícara (50 g) de manteiga sem sal derretida

1 ½ xícaras (300 g) de *cream cheese*

1 ½ de xícaras (300 g) de *fromage blanc*

⅔ de xícara (150 g) de açúcar refinado

2 colheres (sopa) de farinha de trigo

½ xícara (100 g) de *sour cream*

2 colheres (chá) de extrato de baunilha

1 colher (chá) de suco de limão-siciliano

2 ovos grandes

1 gema grande

2 xícaras (200 g) de frutas vermelhas congeladas (descongeladas)

Raspas de 2 limões

Dica

Espalhe 50 g de espirais de chocolate branco sobre a torta em vez de raspas de limão para obter uma decoração mais impressionante.

Modo de preparo

• Preaqueça o forno a 200 °C (180 °C, caso seja um forno turbo) e forre 2 assadeiras grandes com papel-manteiga.

• Misture os biscoitos e a manteiga em uma tigela e pressione na base e lados da fôrma. Resfrie.

• Bata o *cream cheese* junto com o *fromage blanc*, o açúcar e a farinha até obter uma mistura homogênea.

• Acrescente os demais ingredientes, exceto as frutas e as raspas de limão, e bata bem.

• Despeje na fôrma e coloque em uma assadeira cheia até a metade com água quente.

• Asse por 45–50 minutos até que uma faca inserida no centro saia limpa. Desligue o forno e deixe a torta esfriar dentro dele antes de levar à geladeira.

• Desenforme com cuidado e decore com as frutas vermelhas e as raspas de limão antes de servir.

Torta de Merengue e Limão

Rende 6 porções
Tempo de preparo: 10 minutos
Tempo de cozimento: 35–45 min

Ingredientes

200 g de massa podre pronta
um pouco de farinha de trigo para polvilhar
2 xícaras (450 g) de *lemon curd*
1 colher (sopa) de água fria
1 colher (sopa) de amido de milho
2 gemas médias
1 ovo médio

Para o merengue

3 claras médias em temperatura ambiente
uma pitada de sal
⅔ de xícara (150 g) de açúcar refinado
2 colheres (sopa) de amido de milho
1 colher (chá) de cremor de tártaro

Dica

Por que não experimentar *curd* de laranja no recheio em vez de *lemon curd*?

Modo de preparo

• Preaqueça o forno a 190 °C (170 °C, caso seja um forno turbo).

• Abra a massa sobre uma superfície enfarinhada até ficar com 5 mm de espessura e use para forrar 1 fôrma para torta de 18 cm de diâmetro. Faça furos com um garfo.

• Forre com filme plástico e encha com pesinhos para assar. Preasse por 15 minutos.

• Bata o *curd*, a água e o amido em uma tigela e cozinhe em fogo baixo.

• Acrescente e mexa as gemas e o ovo até engrossar, e reserve para esfriar.

• Bata as claras e o sal em uma tigela limpa até formar picos moles.

• Adicione metade do açúcar e bata até o ponto de neve, adicionando o restante do açúcar, o amido e o cremor de tártaro, e continue a bater até ficar brilhante.

• Recheie a massa com a mistura de *curd* e espalhe o merengue por cima, formando um pico no centro.

• Asse por 20 minutos até dourar.

Torta de Lemon Curd

Rende 8 porções
Tempo de preparo: 20 min
Tempo de cozimento: 15 min

Ingredientes

200 g de massa podre pronta

1 xícara (225 g) de açúcar refinado

30 g / 2 colheres (sopa) de amido de milho

1 xícara (250 ml) de suco de limão-siciliano

⅔ de xícara (150 ml) de água

¾ de xícara (175 g) de manteiga sem sal em cubos

6 gemas médias

2 ovos médios

1 limão-siciliano

Dica

Para fazer uma torta ao estilo *St. Clement*, use metade do suco de um limão-siciliano e de uma laranja no preparo do *curd*.

Modo de preparo

• Preaqueça o forno a 190 °C (170 °C, caso seja um forno turbo).

• Abra a massa sobre uma superfície enfarinhada até ficar com 5 mm de espessura.

• Use para forrar 1 fôrma para torta de 20 cm de diâmetro, pressionando bem nas laterais. Faça furinhos na base com um garfo e cubra com filme plástico e pesinhos para assar.

• Preasse por 15 minutos e depois coloque sobre um aramado.

• Misture o açúcar, o amido, o suco de limão e a água em uma panela e leve ao fogo baixo até começar a borbulhar.

• Retire do fogo e acrescente a manteiga, um cubo de cada vez, e então misture as gemas e os ovos.

• Cozinhe em fogo baixo mexendo sempre por alguns minutos até ficar espesso, mas com uma consistência ainda líquida.

• Raspe o limão antes de cortar ao meio e fatiar bem fino.

• Recheie a massa com o *curd* e decore com as raspas e fatias de limão.

Cookie de Três Chocolates

Rende 18 unidades
Tempo de preparo: 10 minutos
Tempo de cozimento: 12 –14 min

Ingredientes

1 ½ xícaras (225 g) de farinha de trigo peneirada

½ xícara (110 g) de açúcar refinado

1 colher (chá) de fermento químico

½ colher (chá) de sal

⅔ de xícara (150 g) de manteiga sem sal resfriada e cortada em cubos

⅓ de xícara (50 g) de gotas de chocolate amargo

⅓ de xícara (50 g) de gotas de chocolate ao leite

⅓ de xícara (50 g) de chocolate branco picado fino

2 ovos médios

½ colher (chá) de extrato de baunilha

Modo de preparo

• Preaqueça o forno a 180 °C (160 °C, caso seja um forno turbo) e forre 2 assadeiras com papel-manteiga.

• Misture a farinha, o açúcar, o fermento e o sal em uma tigela grande, e acrescente a manteiga esfarelando até que fique parecida a farelos de pão.

• Acrescente as gotas de chocolate, os ovos e o extrato de baunilha e misture até formar uma massa.

• Coloque colheradas da massa nas assadeiras, mantendo um espaço entre elas, depois asse por 12–14 minutos até firmarem.

• Retire do forno e deixe descansar sobre aramados, mantendo os cookies na assadeira até servir.

Dica

Substitua as gotas de chocolate amargo pela mesma quantidade de avelãs trituradas.

Paris-Brest Gâteau

Rende 8 porções
Tempo de preparo: 15 minutos
Tempo de cozimento: 18–22 min

Ingredientes

1 ⅓ de xícara (300 ml) de água

½ xícara (110 g) de manteiga sem sal amolecida

1 xícara (150 g) de farinha de trigo peneirada

2 colheres (sopa) de açúcar refinado

uma pitada de sal

4 ovos médios batidos

3–4 colheres (sopa) de amêndoas laminadas

1 xícara (250 g) de purê de castanhas

uma lata de chantili extraespesso em spray

2 colheres (sopa) de açúcar de confeiteiro para polvilhar

Modo de preparo

• Preaqueça o forno a 200 °C (180 °C, caso seja um forno turbo) e unte 1 assadeira grande.

• Derreta a manteiga com a água em uma panela e depois acrescente a farinha, o açúcar e o sal e bata até começar a se soltar das laterais.

• Adicione a maior parte dos ovos e bata até obter uma mistura homogênea e brilhante.

• Coloque em um saco para confeitar e faça um anel grande de massa, com aproximadamente 23 cm de diâmetro.

• Polvilhe com as amêndoas laminadas e asse por 18–22 minutos até dourar. Coloque sobre um aramado para esfriar.

• Corte a parte superior do anel com uma faca serrilhada. Em seguida coloque o purê de castanhas em um saco para confeitar adaptado com o bico estrela e use para confeitar a metade inferior do anel.

• Cubra com o chantili e coloque a parte de cima de volta.

• Polvilhe com o açúcar de confeiteiro antes de servir.

Dica

Regue o *gâteau* com chocolate derretido para um toque ainda mais tentador.

Tortinha Whoopie de Amêndoas e Limão

Rende 8 porções
Tempo de preparo: 15 minutos
Tempo de cozimento: 15 –18 min

Ingredientes

¾ de xícara (175 g) de margarina amolecida

⅓ de xícara (75 g) de açúcar refinado

1 ⅔ de xícaras (250 g) de farinha de trigo peneirada

½ colher (chá) de bicarbonato de sódio

½ colher (chá) de extrato de amêndoas

um pouco mais de farinha de trigo para polvilhar

½ xícara (50 g) de amêndoas laminadas

uma pitada de sal

1 xícara (125 g) de açúcar de confeiteiro

raspas de 1 limão

2 colheres (sopa) – ¼ de xícara (30–55 ml) de água fervente

½ xícara (125 g) de *lemon curd*

Dica

Use *curd* de laranja no recheio em vez do *lemon curd*.

Modo de preparo

• Preaqueça o forno a 170 °C (150 °C, caso seja um forno turbo) e forre 3 assadeiras grandes.

• Em uma tigela, bata a margarina e o açúcar até obter um creme claro e aerado.

• Acrescente a farinha, o bicarbonato e o extrato de amêndoas até formar uma massa grossa.

• Sove ligeiramente e abra sobre uma superfície enfarinhada até ficar com 5 mm de espessura.

• Corte 16 círculos e coloque nas assadeiras.

• Polvilhe cada cookie com 1 colher (chá) de amêndoas laminadas e asse por 15–18 minutos até endurecer e dourar; coloque em uma aramado para esfriar.

• Misture o açúcar de confeiteiro, as raspas de limão e água fervente suficiente para fazer um recheio líquido.

• Acrescente o *lemon curd* e espalhe a mistura na parte inferior de 6 cookies.

• Monte sanduíches com os demais cookies antes de servir.

Tarte Tatin de Limão e Maçã

Rende 6 porções
Tempo de preparo: 15-20 minutos
Tempo de cozimento: 18–20 min

Ingredientes

2 limões-sicilianos

4 maçãs (variedade *Granny Smith*) descascadas, sem miolo e fatiadas

½ xícara (110 ml) de água fria

½ xícara (110 ml) de açúcar refinado amarelo

⅓ de xícara (75 g) de manteiga sem sal em cubos

100 g de massa podre pronta

um pouco de farinha de trigo para polvilhar

Dica

Polvilhe um punhado pequeno de amêndoas laminadas por cima antes de servir para um toque crocante amendoado.

Modo de preparo

• Preaqueça o forno a 200 °C (180 °C, caso seja um forno turbo).

• Esprema o suco dos limões e as raspas em uma tigela, adicione a massa e mexa.

• Junte o açúcar e a água em um refratário ou fôrma redonda de 18 cm de diâmetro em fogo médio. Mexa de vez em quando até formar um caramelo.

• Acrescente a manteiga e cozinhe até dourar, baixe o fogo e coloque camadas de fatias de maçã na fôrma, sobrepondo e organizando para que ocupem o espaço todo.

• Abra a massa até ficar com 7 mm de espessura e corte até ficar com o mesmo diâmetro da fôrma e coloque sobre as maçãs.

• Faça um pequeno furo na massa e asse por 18–20 minutos até que esteja dourada e cozida.

• Retire do forno e deixe descansar por 5 minutos antes de desenformar sobre um prato e servir.

Churro Amanteigado Mergulhado no Chocolate

Rende aprox. 24 unidades
Tempo de preparo: 15-20 minutos
Tempo de cozimento: 12 –15 min

Ingredientes

1 ⅔ de xícaras (250 g) de farinha de trigo

um pouco mais de farinha de trigo para polvilhar

1 xícara (225 g) de manteiga sem sal derretida e fria

1 ⅓ de xícaras (165 g) de açúcar de confeiteiro

⅓ de xícara (50 g) de amido de milho

1 colher (chá) de extrato de baunilha

uma pitada de sal

1 xícara (150 g) de chocolate amargo picado

Dica

Mergulhe o amanteigado no chocolate branco e sirva com canecas de chocolate quente.

Modo de preparo

• Misture tudo, exceto o chocolate, em uma tigela, mexendo até obter uma massa mole, ligeiramente pegajosa.

• Preaqueça o forno a 180 °C (160 °C, caso seja um forno turbo) e forre 2 assadeiras com papel-manteiga.

• Coloque a massa em um saco para confeitar adaptado com o bico estrela e molde formas irregulares nas assadeiras, deixando espaço entre elas.

• Asse por 12–15 minutos até dourar e firmar. Coloque sobre um aramado para esfriar.

• Derreta o chocolate em uma tigela refratária, usando períodos de 30 segundos no micro-ondas e misturando entre cada um, até ficar líquido.

• Mergulhe as pontas dos amanteigados no chocolate e reserve para secar sobre uma assadeira, forrada com papel-manteiga, antes de servir.

Biscoito de Amêndoas

Rende aprox. 24-28 unidades
Tempo de preparo: 10 -15 minutos
e mais o tempo para resfriar
Tempo de cozimento: 18–22 min

Ingredientes

1 xícara (225 g) de manteiga sem sal amolecida

1 xícara (175 g) de açúcar mascavo claro

1 ovo grande

1 colher (chá) de extrato de baunilha

1 colher (sopa) de licor amaretto

1 ⅓ de xícaras (200 g) de farinha de trigo peneirada

1 xícara (100 g) de amêndoas moídas

30 g / 2 colheres (sopa) de amido de milho

½ colher (chá) de fermento químico

½ colher (chá) de sal

um pouco mais de farinha de trigo para polvilhar

Dica

Adicione as raspas de 1 limão-siciliano e 1 colher (chá) de extrato de limão-siciliano à massa para um toque cítrico.

Modo de preparo

• Em uma tigela grande, bata a manteiga e o açúcar até obter uma mistura clara e aerada.

• Adicione o ovo, a baunilha e o amaretto, bata bem para incorporar.

• Acrescente a farinha, as amêndoas moídas, o amido de milho, o fermento e o sal e mexa até formar uma massa.

• Envolva em filme plástico e resfrie por 1 hora.

• Preaqueça o forno a 180 °C (160 °C, caso seja um forno turbo) e forre 2 assadeiras com papel-manteiga.

• Divida a massa em duas e abra cada uma sobre uma superfície ligeiramente enfarinhada até ficar com 1 cm de espessura.

• Corte pequenos círculos e coloque nas assadeiras, com espaço entre eles.

• Asse por 18–22 minutos até dourar e firmar, em seguida coloque em um aramado para esfriar antes de servir.

Cookie Amanteigado com Geleia de Framboesa

Rende aprox. 12 unidades
Tempo de preparo: 15-20 minutos
Tempo de cozimento: 12 –15 min

Ingredientes

⅔ de xícara (150 g) de margarina amolecida

½ xícara (110 g) de açúcar refinado

1 ⅓ de xícaras (200 g) de farinha de trigo peneirada

um pouco mais de farinha de trigo para polvilhar

½ colher (chá) de bicarbonato de sódio

½ colher (chá) de extrato de baunilha

1 xícara (250 g) de geleia de framboesa de boa qualidade

2 colheres (sopa) de açúcar de confeiteiro

Dica

Adicione raspas bem finas de uma laranja à massa antes de sovar.

Modo de preparo

• Preaqueça o forno a 160 °C (140 °C, caso seja um forno turbo) e unte 2 assadeiras.

• Em uma tigela, bata a margarina e o açúcar até obter um creme aerado. Acrescente a farinha, o bicarbonato e o extrato de baunilha e sove por 4–5 minutos.

• Abra a massa até ficar com 5 mm de espessura sobre uma superfície enfarinhada e corte círculos usando um cortador canelado pequeno.

• Use um cortador redondo pequeno para fazer furos no centro da metade dos círculos canelados antes de colocar nas assadeiras.

• Asse por 12–15 minutos até firmar, mas sem dourar.

• Deixe esfriar na assadeira por alguns minutos antes de colocar em um aramado para esfriar completamente.

• Depois, espalhe uma camada de geleia sobre os biscoitos inteiros, e faça um sanduíche com os que têm um furo no centro.

• Polvilhe ligeiramente com açúcar de confeiteiro antes de servir.

Mini Paris-Brest Gâteaux de Avelã

Rende 16 porções
Tempo de preparo: 20 - 25 minutos
Tempo de cozimento: 15 –18 min

Ingredientes

1 ⅓ de xícaras (300 ml) de água

1 ½ xícaras (350 g) de manteiga sem sal amolecida

1 xícara (150 g) de farinha de trigo peneirada

30 g / 2 colheres (sopa) de açúcar refinado

uma pitada de sal

4 ovos médios batidos

1 xícara (100 g) de avelãs picadas finas

1 ½ xícaras (185 g) de açúcar de confeiteiro

¼ de xícara (55 ml) de creme de leite fresco

Dica

Adicione uma camada de morangos fatiados sobre o glacê amanteigado antes de recolocar a parte de cima de cada bolinho.

Modo de preparo

• Preaqueça o forno a 200 °C (180 °C, caso seja um forno turbo) e unte 2 assadeiras.

• Derreta 110 g de manteiga e água em uma panela. Em seguida acrescente a farinha, o açúcar e o sal e bata até começar a se soltar das laterais.

• Adicione a maior parte dos ovos e bata até obter uma mistura homogênea e brilhante.

• Coloque em um saco para confeitar e faça 8 círculos em cada assadeira. Pincele com o restante do ovo batido e polvilhe com metade das avelãs.

• Asse por 15–18 minutos até dourar. Coloque sobre um aramado para esfriar.

• Bata o restante das avelãs em um processador de alimentos e depois adicione o resto da manteiga, o açúcar de confeiteiro e o creme de leite.

• Bata até ficar homogêneo. Coloque em um saco para confeitar adaptado com o bico estrela.

• Divida os bolinhos ao meio, recheie com o glacê usando o saco para confeitar e recoloque a parte de cima.

Tortinha Whoopie Paris-Brest

Rende 12 porções
Tempo de preparo: 15 minutos
Tempo de cozimento: 12 –15 min

Ingredientes

⅓ de xícara (75 g) de manteiga derretida

1 ovo grande

⅔ de xícara (150 g) de açúcar refinado

⅔ de xícara (150 g) de *sour cream*

1 ⅔ de xícaras (250 g) de farinha de trigo peneirada

30 g / 2 colheres (sopa) de amido de milho

½ colher (chá) de bicarbonato de sódio

½ xícara (55 g) de amêndoas laminadas

½ xícara (55 g) de avelãs

⅓ de xícara (75 g) de açúcar refinado amarelo

1 xícara (225 g) de manteiga sem sal amolecida

2 colheres (sopa) de açúcar de confeiteiro para polvilhar

Dica

Substitua as avelãs do recheio por pistaches para um visual verde claro.

Modo de preparo

• Preaqueça o forno a 180 °C (160 °C, caso seja um forno turbo) e forre 4 assadeiras.

• Bata o ovo, a manteiga derretida e o açúcar refinado em uma tigela até obter uma mistura clara e espessa, e acrescente o *sour cream*.

• Adicione a farinha, o amido e o bicarbonato de sódio.

• Coloque 24 colheres iguais da mistura nas assadeiras, achate ligeiramente e polvilhe com as amêndoas laminadas.

• Asse por 12–15 minutos até dourar. Coloque sobre um aramado para esfriar.

• Bata as avelãs e o açúcar refinado em um processador de alimentos até obter uma mistura fina, então acrescente a manteiga e bata novamente até ficar completamente homogêneo.

• Coloque em um saco para confeitar adaptado com um bico liso e confeite a parte inferior de metade das tortas assadas.

• Molde fazendo pequenos sanduíches com a outra metade das tortas e polvilhe com açúcar de confeiteiro antes de servir.

Cookie de Manteiga

Rende aprox 48 unidades
Tempo de preparo: 10 -15 minutos e mais o tempo para resfriar
Tempo de cozimento: 15 –18 min

Ingredientes

1 xícara (225 g) de manteiga sem sal amolecida

¾ de xícara (175 g) de açúcar refinado

1 ovo grande

1 colher (chá) de extrato de baunilha

2 xícaras (300 g) de farinha de trigo peneirada

30 g / 2 colheres (sopa) de amido de milho

½ colher (chá) de sal

um pouco mais de farinha de trigo para polvilhar

½ xícara (110 g) de açúcar

Dica

Substitua 50 g de farinha de trigo por pistaches moídos para uma versão com sabor amendoado.

Modo de preparo

• Em uma tigela grande, bata a manteiga e o açúcar até obter uma mistura clara e aerada.

• Adicione o ovo e a baunilha, bata bem para incorporar. Em seguida adicione a farinha, o amido e o sal e mexa até formar uma massa.

• Envolva em filme plástico e resfrie por 1 hora.

• Preaqueça o forno a 180 °C (160 °C, caso seja um forno turbo) e forre 2 assadeiras grandes com papel-manteiga.

• Divida a massa em três e abra cada uma sobre uma superfície ligeiramente enfarinhada até ficar com 5 mm de espessura.

• Corte pequenos círculos e coloque nas assadeiras antes de polvilhar com açúcar.

• Asse por 15–18 minutos até dourar e endurecer, depois coloque em um aramado para esfriar antes de servir.

Galette des Rois

Rende 6–8 porções
Tempo de preparo: 15 minutos
Tempo de cozimento: 30–35 min

Ingredientes

350 g de massa folhada pronta dividida em duas partes

um pouco de farinha de trigo para polvilhar

30 g / 2 colheres (sopa) de geleia de damasco aquecida

⅔ de xícara (150 g) de manteiga sem sal amolecida

⅔ de xícara (150 g) de açúcar refinado amarelo

2 ovos pequenos batidos

1 ⅓ de xícaras (150 g) de amêndoas moídas

30 ml / 2 colheres (sopa) de *Cognac*

1 gema pequena batida

Dica

Coloque uma camada de fatias bem finas de maçã sobre a mistura de amêndoas para adicionar frutas.

Modo de preparo

• Preaqueça o forno a 190 °C (170 °C, caso seja um forno turbo).

• Abra as metades da massa em círculos de 23 cm de diâmetro com 1 cm de espessura e coloque uma delas em uma assadeira forrada.

• Pincele generosamente a base com a geleia de damasco e leve à geladeira.

• Bata a manteiga e o açúcar em um processador de alimentos até obter uma mistura homogênea e cremosa.

• Acrescente 2 ovos batidos, bata novamente, e depois adicione as amêndoas moídas e o *Cognac* e pressione a tecla pulsar até incorporar.

• Coloque sobre a massa, espalhando uniformemente antes de umedecer as bordas com um pouco de água.

• Coloque o outro círculo de massa por cima e sele bem as bordas.

• Marque levemente a superfície formando um padrão de "raios de pneu de bicicleta" usando os dentes de um garfo. Pincele com a gema batida.

• Asse por 30–35 minutos até ficar crocante e dourar. Sirva morno ou frio.

Cookie de Chocolate e Avelã

Rende 12 porções
Tempo de preparo: 10 minutos
Tempo de cozimento: 14 – 16 min

Ingredientes

1 xícara (150 g) de farinha de trigo peneirada

30 g / 2 colheres (sopa) de amido de milho

½ xícara (75 g) de cacau em pó

½ xícara (110 g) de açúcar refinado

1 colher (chá) de fermento químico

½ colher (chá) de sal

⅔ de xícara (150 g) de manteiga sem sal resfriada e cortada em cubos

1 xícara (100 g) de avelãs picadas finas

½ xícara (75 g) de chocolate amargo em pedaços

2 ovos médios

½ colher (chá) de extrato de baunilha

Dica

As avelãs podem ser substituídas por castanhas-do-pará, nozes ou pecãs.

Modo de preparo

• Preaqueça o forno a 180 °C (160 °C, caso seja um forno turbo) e forre 2 assadeiras com papel-manteiga.

• Misture a farinha, o amido, o cacau em pó, o açúcar, o fermento e o sal em uma tigela grande, e acrescente a manteiga esfarelando até que fique parecida a farelos de pão.

• Acrescente as avelãs, os pedaços de chocolate, os ovos e o extrato de baunilha e mexa até formar uma massa.

• Coloque 12 colheradas de massa nas assadeiras, com espaço entre elas, e asse por 14–16 minutos até endurecerem.

• Retire do forno e deixe descansar sobre aramados, mantendo os cookies na assadeira até servir.

Tortinha de Lemon Curd

Rende 4 porções
Tempo de preparo: 20 min
Tempo de cozimento: 17 – 20 min

Ingredientes

200 g de massa podre pronta

um pouco de farinha de trigo para polvilhar

½ xícara (110 g) de açúcar refinado

2 colheres (sopa) de amido de milho

⅓ de xícara (75 ml) de água

½ xícara (125 ml) de suco de limão-siciliano

Suco de 1 laranja pequena

⅓ de xícara (85 g) de manteiga sem sal em cubos

3 gemas pequenas

1 ovo pequeno

1 limão-siciliano pequeno cortado em 4 rodelas

2 colheres (sopa) de açúcar de confeiteiro

Dica

O *curd* pode ser preparado com suco de limão taiti em vez de siciliano para um toque diferente.

Modo de preparo

• Preaqueça o forno a 190 °C (170 °C, caso seja um forno turbo).

• Abra a massa sobre uma superfície enfarinhada até ficar com 5 mm de espessura e corte 4 círculos iguais.

• Forre 4 forminhas para torta com a massa, retirando os excessos antes de forrar com filme plástico e pesinhos para assar.

• Preasse por 12–15 minutos e depois coloque sobre um aramado.

• Misture o açúcar, o amido, a água, os sucos de limão e laranja em uma panela e leve ao fogo baixo até começar a borbulhar.

• Retire do fogo e acrescente a manteiga, um cubo de cada vez, e então misture as gemas e o ovo.

• Cozinhe em fogo baixo mexendo de vez em quando por alguns minutos até ficar espesso, mas com uma consistência ainda líquida.

• Recheie a massa com o *curd* e coloque uma rodela de limão no centro.

• Asse por 5 minutos, retire do forno, e deixe esfriar antes de polvilhar com açúcar de confeiteiro.

Brownie de Chocolate e Nozes

Rende 8 porções
Tempo de preparo: 10 minutos
Tempo de cozimento: 45–50 min

Ingredientes

2 xícaras (300 g) de chocolate amargo de boa qualidade picado

¾ de xícara (175 g) de manteiga sem sal

4 ovos grandes

¾ de xícara (175 g) de açúcar refinado

1 ¼ de xícaras (175 g) de farinha de trigo

1 xícara (110 g) de nozes em metades picadas

1 ½ colheres (chá) de fermento químico

uma pitada de sal

Modo de preparo

• Preaqueça o forno a 160 °C (140 °C, caso seja um forno turbo) e então unte e forre 1 fôrma de bolo quadrada de 18 cm com papel-manteiga.

• Derreta o chocolate e a manteiga juntos em uma panela em fogo médio-baixo, mexendo até ficar homogêneo e reserve.

• Bata os ovos em uma tigela até engrossar. Em seguida adicione o açúcar e continue a bater até ficar brilhante.

• Acrescente a mistura de chocolate derretido e acrescente a farinha, as nozes, o fermento e o sal.

• Despeje na fôrma e dê algumas batidinhas para soltar as bolhas de ar.

• Asse por 45–50 minutos. Teste com um palito de madeira, se ele sair quase limpo, o brownie está no ponto.

• Coloque em um aramado para esfriar completamente antes de desenformar, cortar em quadrados e servir.

Dica

A adição de uma porção grande de *cranberries* dá um agradável toque ácido.

Cookie de Nougat e Gotas de Chocolate

Rende 18 unidades
Tempo de preparo: 10 minutos
Tempo de cozimento: 14 – 16 min

Ingredientes

½ xícara (75 g) de *nougat* de amêndoas

1 ⅓ de xícaras (200 g) de farinha de trigo peneirada

⅔ de xícara (110 g) de açúcar mascavo claro

1 colher (chá) de fermento químico

½ colher (chá) de sal

⅔ de xícara (150 g) de manteiga sem sal resfriada e cortada em cubos

⅔ de xícara (100 g) de gotas de chocolate ao leite

2 ovos médios

½ colher (chá) de extrato de baunilha

Dica

Substitua as gotas de chocolate por uma mistura de frutas secas para uma textura mais consistente.

Modo de preparo

• Preaqueça o forno a 180 °C (160 °C, caso seja um forno turbo) e forre 2 assadeiras com papel-manteiga.

• Triture o *nougat* em um processador de alimentos e coloque em uma tigela.

• Adicione a farinha, o açúcar, o fermento e o sal, e acrescente a manteiga esfarelando até que fique parecida a farelos de pão.

• Acrescente as gotas de chocolate, os ovos e o extrato de baunilha e misture até formar uma massa.

• Coloque colheradas da massa nas assadeiras, mantendo um espaço entre elas, depois asse por 14 –16 minutos até firmarem.

• Retire do forno e deixe descansar sobre aramados, mantendo os cookies na assadeira até servir.

Torta de Maçã e Uvas-passas

Rende 8 porções
Tempo de preparo: 15-20 minutos
Tempo de cozimento: 40–45 min

Ingredientes

¼ de xícara (55 g) de manteiga

1,5 kg de maçãs (variedade *Granny Smith*) descascadas, sem miolo e fatiadas

½ xícara (110 g) de açúcar refinado

⅔ de xícara (100 g) de uvas-passas

Suco de 1 limão-siciliano

250 g de massa podre com farinha integral pronta

um pouco de farinha de trigo para polvilhar

2 colheres (sopa) de açúcar de confeiteiro para polvilhar

Dica

Qualquer tipo de fruta seca pode ser adicionada ao recheio, como damascos, figos ou cranberries.

Modo de preparo

• Preaqueça o forno a 180 °C (160 °C, caso seja um forno turbo) e forre 1 fôrma desmontável de 20 cm de diâmetro com papel-manteiga.

• Derreta a manteiga em uma panela de fundo reforçado e cozinhe as maçãs e uvas-passas, o açúcar e o suco de limão por 5–7 minutos, mexendo ocasionalmente, até amolecer ligeiramente. Reserve.

• Abra a massa sobre uma superfície ligeiramente enfarinhada, e corte um círculo de 25 cm de diâmetro com aproximadamente 5 mm de espessura. Use para forrar a fôrma, em seguida abra as sobras da massa em um círculo de 20 cm de diâmetro e 5 mm de espessura.

• Encha a massa forrada com o recheio de maçã e coloque outro círculo por cima, selando bem, antes de fazer marcas na superfície com uma faca amolada.

• Asse por 40–45 minutos e coloque sobre um aramado para esfriar.

• Desenforme com cuidado e polvilhe com o açúcar de confeiteiro antes de servir.

Torta de Laranja

Rende 6 porções
Tempo de preparo: 20 min
Tempo de cozimento: 15 min

Ingredientes

300 g de massa podre pronta

um pouco de farinha de trigo para polvilhar

½ xícara (110 g) de açúcar refinado

2 colheres (sopa) de amido de milho

⅓ de xícara (75 ml) de água

½ xícara (125 ml) de suco de laranja espremido na hora

Suco de 1 limão-siciliano pequeno

⅓ de xícara (85 g) de manteiga sem sal em cubos

3 gemas pequenas

1 ovo pequeno

2 laranjas

Raspas de 1 limão

Dica

Espalhe geleia de *cranberry* sobre a torta em vez de laranja para uma variação especial.

Modo de preparo

• Preaqueça o forno a 190 °C (170 °C, caso seja um forno turbo).

• Abra a massa sobre uma superfície enfarinhada até ficar com 5 mm de espessura e use para forrar uma fôrma para torta retangular de 30 cm x 8 cm x 5 cm.

• Cubra com papel-manteiga e pesinhos para assar, preasse por 15 minutos, e retire do forno.

• Misture o açúcar, o amido, a água, os sucos de limão e laranja em uma panela e leve ao fogo baixo até começar a borbulhar.

• Retire do fogo e acrescente a manteiga, um cubo de cada vez, e então misture as gemas e o ovo.

• Cozinhe em fogo baixo mexendo de vez em quando por alguns minutos até ficar espesso, mas com uma consistência ainda líquida. Reserve.

• Retire as raspas de uma laranja e reserve, descasque e separe os gomos e corte a polpa em cubos.

• Encha a massa com o *curd* de laranja, decorando com a polpa em cubos, e as raspas de laranja e limão antes de servir.

Torta de Chocolate e Pimenta

Rende 8 porções
Tempo de preparo: 15-20 minutos e mais 2 h para resfriar
Tempo de cozimento: 12–15 min

Ingredientes

300 g de massa podre pronta

um pouco de farinha de trigo para polvilhar

1 ovo grande batido

2 xícaras (300 g) de chocolate amargo de boa qualidade picado

1 xícara (250 ml) de creme de leite fresco

1 colher (sopa) de glucose líquida

30 g / 2 colheres (sopa) de manteiga sem sal

1 colher (chá) de pimenta de *espelette* desidratada esmagada

Dica

Substitua a pimenta por cardamomo verde esmagado para um sabor exótico e aromático.

Modo de preparo

• Preaqueça o forno a 190 °C (170 °C, caso seja um forno turbo).

• Abra a massa sobre uma superfície enfarinhada até ficar com 7 mm de espessura e use para forrar 1 fôrma para torta de 20 cm de diâmetro. Faça furinhos na base com um garfo e cubra com papel-manteiga e pesinhos para assar.

• Preasse por 12–15 minutos até dourar. Retire os pesinhos e o papel.

• Pincele a massa com o ovo batido e leve de volta ao forno por 5 minutos. Retire e deixe esfriar sobre um aramado.

• Derreta o chocolate junto com o creme de leite e a glucose em um panela em fogo médio, mexendo até ficar homogêneo.

• Retire do fogo, misture a manteiga e deixe esfriar por 5 minutos.

• Despeje sobre a massa e resfrie por pelo menos 2 horas.

• Desenforme e decore com a pimenta esmagada antes de fatiar e servir.

Cookie de Amêndoas

Rende aprox 24 unidades
Tempo de preparo: 15 minutos
Tempo de cozimento: 18–22 min

Ingredientes

¾ de xícara (175 g) de margarina amolecida

½ xícara (110 g) de açúcar refinado

1 ovo batido

1 ½ xícaras (250 g) de farinha de trigo peneirada

¼ de xícara (30 g) de amêndoas moídas

½ colher (chá) de bicarbonato de sódio

½ colher (chá) de extrato de baunilha

uma pitada de sal

um pouco mais de farinha de trigo para polvilhar

1 ⅓ de xícaras (150 g) de amêndoas branqueadas

Dica

Substitua metade das amêndoas branqueadas por frutas cítricas cristalizadas variadas.

Modo de preparo

• Preaqueça o forno a 170 °C (150 °C, caso seja um forno turbo) e forre 2 assadeiras.

• Em uma tigela, bata a margarina e o açúcar até obter um creme claro e aerado. Adicione o ovo e bata bem até incorporar.

• Acrescente a farinha, as amêndoas moídas, o bicarbonato de sódio, o extrato de baunilha e o sal e sove ligeiramente a massa por 2–3 minutos.

• Abra sobre uma superfície enfarinhada até ficar com 1 cm de espessura e corte círculos usando um cortador de biscoitos reto de 3 cm de diâmetro. Coloque nas assadeiras.

• Polvilhe cada cookie com um pouco de amêndoas branqueadas e asse por 18–22 minutos até firmar e dourar.

• Retire do forno e deixe esfriar nas assadeiras por alguns minutos antes de colocar em um aramado para esfriar completamente.

Bolo de Cenoura

Rende 6–8 porções
Tempo de preparo: 10-15 minutos
Tempo de cozimento: 18–22 min

Ingredientes

⅔ de xícara (150 g) de margarina amolecida

⅔ de xícara (150 g) de açúcar refinado

⅔ de xícara (110 g) de farinha de trigo com fermento peneirada

30 g / 2 colheres (sopa) de amido de milho

3 ovos grandes

uma pitada de cravo-da-índia em pó

uma pitada de sal

2 cenouras pequenas, descascadas e bem raladas

½ xícara (110 g) de geleia de morango sem sementes

¼ de xícara (30 g) de açúcar de confeiteiro para polvilhar

Dica

Substitua a geleia de morango por geleia de framboesa sem sementes para uma variação de sabor.

Modo de preparo

• Preaqueça o forno a 180 °C (160 °C, caso seja um forno turbo).

• Unte e forre a base de 2 fôrmas de bolo de 18 cm de diâmetro com papel-manteiga.

• Bata a margarina, o açúcar, a farinha, o amido, os ovos, e o cravo-da-índia em pó e o sal em uma tigela grande até obter uma mistura homogênea e aerada.

• Adicione a cenoura ralada e incorpore completamente antes de dividir a mistura entre as 2 fôrmas de bolo.

• Asse por 18–22 minutos até dourar e crescer e um palito inserido no centro de cada um saia limpo.

• Coloque as fôrmas sobre um aramado para esfriarem.

• Depois, desenforme e espalhe a geleia de morango na superfície de um dos bolos.

• Coloque o outro por cima e pressione delicadamente, juntando bem ambos.

• Polvilhe generosamente a superfície com açúcar de confeiteiro antes de cortar e servir.

Cheesecake de Pera Cozida Pochê

Rende 6–8 porções
Tempo de preparo: 15 minutos
Tempo de cozimento: 45–50 min

Ingredientes

3 peras (variedade *Williams*) descascadas, sem miolo e em cubos
2 xícaras (500 ml) de vinho tinto
⅓ de xícara (75 g) de açúcar refinado
⅓ de xícara (75 g) de manteiga sem sal derretida
1 xícara (150 g) de biscoitos digestivos esmagados
3 xícaras (600 g) de *cream cheese*
⅔ de xícara (150 g) de açúcar refinado amarelo
2 colheres (sopa) de farinha de trigo
½ xícara (100 g) de *sour cream*
2 colheres (chá) de extrato de baunilha
1 colher (chá) de suco de limão-siciliano
2 ovos grandes
1 gema grande
½ xícara (100 g) de iogurte grego
2 colheres (sopa) de açúcar de confeiteiro para polvilhar

Dica

A nectarina pode ser uma ótima substituição para as peras sobre o cheesecake.

Modo de preparo

• Junte as peras, o vinho e o açúcar em uma panela. Deixe levantar fervura, então baixe o fogo e cozinhe pochê por 15 minutos, e reserve.

• Preaqueça o forno a 160 °C (140 °C, caso seja um forno turbo).

• Misture os biscoitos e a manteiga em uma tigela e use para cobrir a base e os lados de uma fôrma desmontável de 18 cm de diâmetro e leve à geladeira.

• Bata o *cream cheese* junto com o açúcar refinado e a farinha até obter uma mistura homogênea.

• Acrescente os demais ingredientes, exceto o iogurte grego e o açúcar de confeiteiro, e bata bem.

• Despeje na fôrma e coloque em uma assadeira cheia até a metade com água quente.

• Asse por 45–50 minutos até que uma faca inserida no centro saia limpa. Deixe esfriar antes de levar à geladeira.

• Espalhe o iogurte grego sobre a superfície e cubra com a pera cozida e o açúcar de confeiteiro antes de servir.

Rocambole de Marmalade

Rende 6 porções
Tempo de preparo: 10 minutos
Tempo de cozimento: 12–15 min

Ingredientes

2 colheres (sopa) de açúcar de confeiteiro

⅔ de xícara (110 g) de margarina

½ xícara (110 g) de açúcar refinado

⅔ de xícara (110 g) de farinha de trigo com fermento peneirada

2 ovos grandes

1 colher (chá) de extrato de baunilha

1 xícara (225 g) de marmalade de laranja ligeiramente aquecida

Modo de preparo

• Preaqueça o forno a 180 °C (160 °C, caso seja um forno turbo) e forre 1 assadeira para rocambole de 30 cm x 10 cm x 5 cm com papel-manteiga.

• Polvilhe a base com o açúcar de confeiteiro. Bata a margarina junto com o açúcar refinado, a farinha, os ovos e o extrato de baunilha em uma tigela até obter uma mistura homogênea.

• Coloque na fôrma, espalhe uniformemente, e asse por 12–15 minutos. Teste com um palito de madeira. Se sair limpo, o pão-de-ló está no ponto.

• Coloque sobre um aramado para esfriar. Depois de frio, remova o papel-manteiga, espalhe a marmalade sobre o pão-de-ló e enrole em forma de cilindro.

• Sirva com mais marmalade, se desejar.

Dica

Adicione 30 g de cacau em pó e 2 colheres (sopa) de leite à massa para uma variação de chocolate-laranja.

Bolos e Muffins

Charlotte de Morango com Purê de Framboesa

Rende 4-6 porções
Tempo de preparo: 25 minutos
Tempo para resfriar: 2 horas

Ingredientes

18-20 *savoiardi fingers*

¼ de xícara (55 ml) de *fraise eau de vie*

1 ½ xícaras (375 ml) de creme de leite fresco

1 fava de baunilha partida ao meio e sem metade das sementes

¼ de xícara (30 g) de açúcar de confeiteiro

2 xícaras (300 g) de morangos, sem os talos e picados (reserve alguns para decorar)

1 ⅓ de xícaras (200 g) de framboesas

Suco de ½ limão-siciliano

Dica

Substitua os morangos por pêssegos frescos em cubos.

Modo de preparo

• Forre uma fôrma para *charlotte* de 13 cm com uma camada dupla de filme plástico.

• Mergulhe um lado de cada biscoito no *eau de vie* e coloque forrando o fundo e os lados da fôrma.

• Bata o creme de leite com as sementes de baunilha e 1 colher (sopa) de açúcar de confeiteiro até engrossar e formar picos.

• Incorpore aos morangos e coloque na fôrma.

• Cubra e leve à geladeira por 2 horas.

• Junte as framboesas, o suco de limão e o restante do açúcar de confeiteiro em um processador de alimentos e bata até obter uma mistura homogênea.

• Passe por uma peneira sobre uma tigela.

• Desenforme a *charlotte* e fatie antes de servir acompanhado com o purê de framboesas e mais morangos.

Muffin de Banana e Chocolate

Rende 12 porções
Tempo de preparo: 10 minutos
Tempo de cozimento: 18–22 min

Ingredientes

1 ½ xícaras (225 g) de farinha de trigo com fermento

⅔ de xícara (150 g) de açúcar refinado

½ xícara (75 g) de cacau em pó

½ colher (chá) de fermento químico

⅔ de xícara (150 ml) de leite integral

⅓ de xícara (75 ml) de óleo de girassol

2 ovos grandes

2 bananas médias em rodelas

2 colheres (sopa) de açúcar de confeiteiro para polvilhar

Modo de preparo

• Preaqueça o forno a 180 °C (160 °C, caso seja um forno turbo) e forre uma fôrma para muffin de 12 cavidades com forminhas de papel.

• Junte a farinha, o açúcar, o cacau em pó e o fermento em uma tigela grande. Mexa bem.

• Misture o leite, o óleo e os ovos em uma tigela antes de adicionar os ingredientes secos.

• Com cuidado, mexa até obter uma massa úmida, mas grumosa.

• Divida entre as forminhas de papel e polvilhe cada uma com 2 ou 3 rodelas de banana.

• Asse por 18–22 minutos até crescerem. Teste com um palito de madeira. Se sair limpo, os muffins estão no ponto.

• Coloque sobre um aramado para esfriar antes de polvilhar com açúcar de confeiteiro e servir.

Dica

Acrescente um punhado grande de gotas de chocolate branco à massa para uma delícia extra.

Bolo de Limão e Sementes de Papoula

Rende 6 porções
Tempo de preparo: 15-20 minutos
Tempo de cozimento: 35–45 min

Ingredientes

⅔ de xícara (110 g) de farinha de trigo com fermento peneirada

⅔ de xícara (150 g) de açúcar refinado amarelo

½ xícara (110 g) de margarina amolecida

2 ovos grandes

2 colheres (sopa) de amido de milho

2 limões-sicilianos

¼ de xícara (30 g) de sementes de papoula negra

Dica

Este bolo também fica bastante saboroso se as sementes de papoula forem substituídas por sementes de gergelim, branco e preto.

Modo de preparo

• Retire a casca de um dos limões antes de espremer ambos.

• Pique a casca bem fina e ferva em uma panela com água por 3 minutos.

• Escorra e repita duas vezes, adicionando 40 g de açúcar na segunda vez. Coloque as cascas caramelizadas sobre um aramado.

• Preaqueça o forno a 180 °C (160 °C, caso seja um forno turbo) e unte 1 fôrma para pão com capacidade para 500 g.

• Bata a farinha junto com o restante do açúcar, a margarina, os ovos, o amido e o suco de limão em uma tigela até obter uma mistura homogênea.

• Acrescente as sementes de papoula e coloque a massa na fôrma. Asse por 35–45 minutos. Teste com um palito de madeira, se ele sair limpo, o bolo está no ponto.

• Coloque sobre um aramado para esfriar.

• Depois de frio, desenforme, fatie e decore com as cascas caramelizadas antes de servir.

Pão-de-ló com Creme de Limão

Rende 6–8 porções
Tempo de preparo: 15 minutos
Tempo de cozimento: 20–25 min

Ingredientes

1 xícara (225 g) de margarina amolecida

1 xícara (225 g) de açúcar refinado

1 ½ xícaras (225 g) de farinha de trigo com fermento

⅓ de xícara (55 g) de uvas-passas brancas

4 ovos grandes

2 colheres (chá) de extrato de baunilha

2 xícaras (250 g) de açúcar de confeiteiro peneirado

1 xícara (225 g) de manteiga sem sal amolecida

⅓ de xícara (75 ml) de creme de leite fresco (para chantili)

1 colher (sopa) de extrato de limão-siciliano

Dica

Coloque uma camada de mirtilos sobre o creme de limão antes de sobrepor os dois pães-de-ló.

Modo de preparo

• Preaqueça o forno a 180 °C (160 °C, caso seja um forno turbo) e forre 2 fôrmas de bolo de 18 cm de diâmetro com papel-manteiga.

• Bata a margarina junto com o açúcar refinado, a farinha, os ovos, as uvas-passas e o extrato de baunilha em uma tigela até obter uma mistura homogênea.

• Divida entre as fôrmas, dê algumas batidinhas para nivelar, e asse por 20–25 minutos. Teste com um palito de madeira. Se sair limpo, os pães-de-ló estão no ponto.

• Coloque sobre um aramado para esfriar enquanto prepara o creme de limão.

• Bata a manteiga e 225 g de açúcar de confeiteiro em uma tigela até obter uma mistura homogênea e aerada, em seguida adicione o creme de leite e o extrato de limão e continue a bater até incorporar.

• Desenforme os pães-de-ló e espalhe o creme de limão sobre um deles, cubra com o outro e polvilhe com o restante do açúcar de confeiteiro.

Bolo de Limão

Rende 8 porções
Tempo de preparo: 10 minutos
Tempo de cozimento: 40–50 min

Ingredientes

⅔ de xícara (150 g) de manteiga sem sal amolecida

⅔ de xícara (150 g) de açúcar refinado

1 xícara (150 g) de farinha de trigo com fermento peneirada

30 g / 2 colheres (sopa) de amido de milho

3 ovos grandes

Suco de 2 limões-sicilianos

1 colher (chá) de extrato de limão-siciliano

uma pitada de sal

Modo de preparo

• Preaqueça o forno a 160 °C (140 °C, caso seja um forno turbo).

• Unte e forre uma fôrma de pão com capacidade para 1 kg com papel-manteiga.

• Junte todos os ingredientes em uma tigela grande e bata bem por 2–3 minutos até obter uma mistura clara, espessa e homogênea.

• Despeje na fôrma e asse por 40–50 minutos até dourar e crescer. Teste com um palito de madeira. Se sair limpo, o bolo está no ponto.

• Coloque sobre um aramado para esfriar antes de desenformar. Sirva morno ou frio.

Dica

Misture 50 g de coco ralado à massa antes de assar.

Pão-de-ló com Creme de Framboesa

Rende 6–8 porções
Tempo de preparo: 15 minutos
Tempo de cozimento: 15–20 min

Ingredientes

½ xícara (110 g) de margarina amolecida

½ xícara (110 g) de açúcar refinado

⅔ de xícara (110 g) de farinha de trigo com fermento peneirada

2 ovos grandes

1 colher (chá) de extrato de baunilha

1 xícara (250 ml) de creme de leite fresco

1 ½ xícaras (150 g) de framboesas

1 colher (sopa) de framboesas desidratadas (congeladas ou não)

Dica

Adicione duas metades cortadas em cubos de pêssegos em calda à massa do pão-de--ló antes de assar.

Modo de preparo

- Preaqueça o forno a 180 °C (160 °C, caso seja um forno turbo). Unte e forre 2 fôrmas de bolo redondas com 18 cm de diâmetro com papel-manteiga.

- Bata a margarina junto com o açúcar, a farinha, os ovos e o extrato de baunilha em uma tigela até obter uma mistura homogênea.

- Divida entre as fôrmas e asse por 15–20 minutos. Teste com um palito de madeira. Se sair limpo, os pães-de-ló estão no ponto.

- Coloque as fôrmas sobre um aramado para esfriarem.

- Depois desenforme os bolos e bata o creme de leite até ficar cremoso.

- Espalhe o creme sobre um dos pães-de-ló, decore com as framboesas e cubra com o outro.

- Esmague as framboesas congeladas desidratadas até virarem pó e polvilhe sobre o bolo antes de servir.

Bolo de Limão com Cobertura

Rende 6 porções
Tempo de preparo: 15 minutos
Tempo de cozimento: 18–22 min

Ingredientes

1 xícara (150 g) de farinha de trigo com fermento peneirada

⅔ de xícara (150 g) de açúcar refinado

⅔ de xícara (150 g) de manteiga sem sal amolecida

3 ovos grandes

Suco de 2 limões-sicilianos

1 colher (sopa) de amido de milho

1 colher (chá) de extrato de limão-siciliano

2 xícaras (250 g) de açúcar de confeiteiro

1–2 colheres (sopa) de água fervente

Dica

Adicione um punhado grande de cerejas cristalizadas picadas à massa do bolo antes de assar.

Modo de preparo

• Preaqueça o forno a 180 °C (160 °C, caso seja um forno turbo) e unte e forre 2 fôrmas de bolo redondas de 18 cm de diâmetro.

• Bata a farinha junto com o açúcar, a manteiga, os ovos, o suco de 1 limão, o amido e o extrato de limão em uma tigela até que a mistura esteja homogênea.

• Divida a massa entre as duas fôrmas e asse por 18–22 minutos. Teste com um palito de madeira. Se sair limpo, os pães-de-ló estão no ponto.

• Coloque sobre um aramado para esfriar antes de desenformar.

• Misture o açúcar de confeiteiro com o restante do suco de limão e 1–2 colheres (sopa) de água fervente, se necessário, até obter uma cobertura espessa e cremosa.

• Espalhe dois terços sobre um dos pães-de-ló e depois cubra com o outro.

• Espalhe o restante por toda a superfície antes de fatiar e servir.

Muffin com Poucos Carboidratos

Rende 12 porções
Tempo de preparo: 10 minutos
Tempo de cozimento: 20–25 min

Ingredientes

1 xícara (150 g) de amido de milho

⅔ de xícara (110 g) de farelo de aveia moído

½ xícara (110 g) de adoçante em pó

½ xícara (100 g) de iogurte grego sem gordura

1 colher (chá) de extrato de baunilha

½ colher (chá) de fermento químico

2 ovos médios

2 claras médias

duas pitadas de sal

Dica

Polvilhe a superfície dos muffins com aveia antes de assar para um toque crocante.

Modo de preparo

• Preaqueça o forno a 180 °C (160 °C, caso seja um forno turbo) e forre uma fôrma para muffin de 12 cavidades com forminhas de papel.

• Coloque todos os ingredientes, exceto as claras e uma pitada de sal, em um processador de alimentos e bata até combinar grosseiramente.

• Despeje a mistura em uma tigela e bata as claras em outra tigela limpa com um pitada de sal até o ponto de neve.

• Incorpore as claras aos outros ingredientes e coloque a massa nas forminhas de papel.

• Asse por 20–25 minutos até dourar e crescer. Teste com um palito de madeira. Se sair limpo, os muffins estão no ponto.

• Coloque a fôrma sobre um aramado para esfriar antes de servir.

Gâteau Basque

Rende 6–8 porções
Tempo de preparo: 15-20 minutos
Tempo de cozimento: 35–40 min

Ingredientes

1 ½ xícaras (375 ml) de leite integral

1 ½ colheres (chá) de extrato de baunilha

raspas de 1 laranja pequena

6 gemas médias

⅓ de xícara (75 g) de açúcar refinado

30 g / 2 colheres (sopa) de amido de milho

300 g de massa podre pronta

um pouco de farinha de trigo para polvilhar

Dica

Uma camada de framboesas adicionada ao centro do creme proporciona um sabor frutado ao resultado.

Modo de preparo

• Aqueça o leite, a baunilha e as raspas de laranja em uma panela até levantar fervura.

• Bata 5 gemas junto com o açúcar em uma tigela refratária até obter uma mistura clara e espessa.

• Acrescente o amido, bata bem e misture lentamente o leite até que tudo fique homogêneo.

• Leve ao fogo em uma panela, mexendo sempre até engrossar e cozinhar, e reserve para esfriar.

• Preaqueça o forno a 160 °C (140 °C, caso seja um forno turbo).

• Divida a massa em duas e abra os pedaços sobre uma superfície enfarinhada até ficarem com 7 mm de espessura e use um deles para forrar uma fôrma para torta de 18 cm de diâmetro.

• Recheie com o creme e cubra com o outro círculo de massa.

• Sele bem as bordas, pincele com a gema restante e faça marcas na superfície com os dentes de um garfo.

• Asse por 35–40 minutos até dourar e reserve para esfriar.

• Desenforme e fatie.

Bolo de Chocolate

Rende 8 porções
Tempo de preparo: 15 minutos
Tempo de cozimento: 40–50 min

Ingredientes

2 xícaras (300 g) de chocolate amargo de boa qualidade picado

1 xícara (225 g) de manteiga sem sal amolecida

4 ovos pequenos

1 xícara (175 g) de açúcar mascavo claro

⅔ de xícara (100 g) de farinha de trigo

1 colher (chá) de fermento químico

uma pitada de sal

1 xícara (100 g) de amêndoas moídas

Modo de preparo

- Preaqueça o forno a 160 °C (140 °C, caso seja um forno turbo) e forre 1 fôrma de bolo de 20 cm de diâmetro com papel-manteiga.

- Derreta o chocolate e a manteiga em banho-maria em uma tigela colocada sobre uma panela com água em ponto de fervura, mexendo ocasionalmente até derreter. Reserve.

- Bata os ovos e o açúcar em uma tigela até obter um resultado espesso e brilhante e, em seguida, acrescente a mistura de chocolate.

- Adicione a farinha, o fermento, o sal e as amêndoas moídas, e então despeje na fôrma de bolo.

- Asse por 40–50 minutos. Teste com um palito de madeira. Se sair limpo, o bolo está no ponto.

- Coloque sobre um aramado para esfriar antes de desenformar, fatiar e servir.

Dica

Um punhado de avelãs picadas na massa adiciona uma deliciosa textura crocante ao bolo.

Bolo de Pera, Cereja e Pistache

Rende 6–8 porções
Tempo de preparo: 10-15 minutos
Tempo de cozimento: 20–25 min

Ingredientes

⅔ de xícara (110 g) de farinha de trigo peneirada

½ xícara (110 g) de açúcar refinado

½ xícara (110 g) de margarina amolecida

¼ de xícara (30 g) de amêndoas moídas

2 ovos médios

1 colher (chá) de fermento químico

1 colher (chá) de extrato de baunilha

1 xícara (110 g) de pistache sem casca, triturado

2 xícaras (400 g) de pera fatiada em conserva, escorrida

2 xícaras (400 g) de cerejas em calda escorridas

Dica

Substitua os pistaches por chocolate branco bem picado para um toque luxuoso.

Modo de preparo

• Preaqueça o forno a 180 °C (160 °C, caso seja um forno turbo) e forre 1 fôrma de bolo quadrada de 15 cm com papel-manteiga.

• Bata a farinha junto com o açúcar, a margarina, as amêndoas moídas, os ovos, o fermento e o extrato de baunilha em uma tigela grande até obter uma mistura homogênea.

• Acrescente dois terços do pistache triturado e despeje a massa na fôrma preparada.

• Cubra com as fatias de pera e polvilhe uniformemente com as cerejas.

• Asse por 20–25 minutos. Teste com um palito de madeira. Se sair limpo, o bolo está no ponto.

• Coloque em um aramado para esfriar completamente antes de desenformar, fatiar e servir polvilhado com mais pistache.

Bolo de Limão e Sementes de Papoula

Rende 12 porções
Tempo de preparo: 10-15 minutos
Tempo de cozimento: 20–25 min

Ingredientes

1 xícara (150 g) de farinha de trigo com fermento peneirada

⅔ de xícara (150 g) de margarina amolecida

⅔ de xícara (150 g) de açúcar refinado

3 ovos grandes

raspas e suco de 1 limão-siciliano

1 colher (chá) de extrato de limão-siciliano

¼ de xícara (30 g) de sementes de papoula negra

1 xícara (125 g) de açúcar de confeiteiro

2 colheres (sopa) de suco de limão-siciliano

2 colheres (sopa) de água fervente

1 colher (sopa) de sementes de papoula negra

Dica

Use as raspas e o suco de 1 laranja pequena e água de flor de laranjeira em vez de extrato de limão-siciliano.

Modo de preparo

• Preaqueça o forno a 180 °C (160 °C, caso seja um forno turbo) e forre uma fôrma para cupcakes quadrados de 12 cavidades com forminhas de papel.

• Bata a farinha junto com a margarina, o açúcar, os ovos, o suco, as raspas e o extrato de limão, e 30 g de sementes de papoula em uma tigela grande até obter uma mistura homogênea.

• Coloque nas forminhas e asse por 20–25 minutos. Teste com um palito de madeira. Se sair limpo, eles estão no ponto.

• Retire do forno e deixe esfriar nas forminhas.

• Bata o açúcar de confeiteiro com uma quantidade suficiente de suco de limão-siciliano e água fervente para formar uma cobertura líquida.

• Deixe esfriar e engrossar um pouco antes de despejar sobre os bolinhos frios e decorar com sementes de papoula.

Muffin de Cranberry

Rende 12 porções
Tempo de preparo: 10 minutos
Tempo de cozimento: 20–25 min

Ingredientes

1 ⅔ de xícaras (250 g) de farinha de trigo

½ xícara (110 ml) de açúcar refinado amarelo

⅔ de xícara (100 g) de cranberries desidratados

raspas de 1 laranja

2 colheres (chá) de fermento químico

½ colher (chá) de bicarbonato de sódio

⅔ de xícara (150 ml) de leite

⅓ de xícara (75 ml) de óleo de girassol

1 ovo médio

⅓ de xícara (45 g) de farelo de aveia

Dica

Use metade dos cranberries e metade de chocolate branco em pedaços na massa para um toque ainda mais tentador.

Modo de preparo

• Preaqueça o forno a 190 °C (170 °C, caso seja um forno turbo) e forre 12 ramequins com papel-manteiga.

• Misture a farinha, o açúcar, os cranberries, as raspas de laranja, o fermento e o bicarbonato de sódio em uma tigela grande; mexa bem.

• Junte o leite, o óleo e o ovo em uma jarra medidora e bata para combinar.

• Despeje sobre os ingredientes secos e misture até incorporar. Evite bater a massa excessivamente.

• Divida entre os ramequins e cubra com o farelo de aveia antes de colocar em uma assadeira.

• Asse por 20–25 minutos. Teste com um palito de madeira. Se sair limpo, os muffins estão no ponto.

• Coloque em um aramado para esfriar antes de consumir.

Muffin de Chocolate

Rende 12 porções
Tempo de preparo: 10 minutos
Tempo de cozimento: 20–25 min

Ingredientes

1 ⅓ de xícaras (200 g) de farinha de trigo

½ xícara (75 g) de cacau em pó

⅔ de xícara (150 g) de açúcar refinado amarelo

3 colheres (chá) de fermento químico

½ colher (chá) de sal

1 ovo grande

½ xícara (110 ml) de óleo de girassol

¾ de xícara (175 ml) de leite integral

⅔ de xícara (100 g) de gotas de chocolate amargo

Modo de preparo

• Preaqueça o forno a 190 °C (170 °C, caso seja um forno turbo) e forre uma fôrma para muffins de 12 cavidades com forminhas de papel.

• Misture a farinha, o cacau em pó, o açúcar, o fermento e o sal em uma tigela grande.

• Adicione o ovo, o óleo e o leite e mexa ligeiramente até obter uma massa grumosa, mas úmida.

• Acrescente as gotas de chocolate uniformemente e coloque a massa nas forminhas.

• Asse por 20–25 minutos até crescer e um palito inserido no centro de cada um sair limpo.

• Coloque sobre um aramado para esfriarem antes de servir.

Dica

Adicione 2 colheres (chá) de água de flor de laranjeira à massa para uma variação chocolate com laranja.

Bolo de Chocolate e Amêndoas

Rende 8 porções
Tempo de preparo: 15 minutos
Tempo de cozimento: 40–45 min

Ingredientes

1 xícara (200 g) de manteiga sem sal

1 ⅓ de xícaras (200 g) de chocolate amargo picado

1 ½ xícaras (175 g) de amêndoas moídas

½ xícara (55 g) de amêndoas laminadas picadas

¾ de xícara (175 g) de açúcar refinado

2 ovos grandes, clara e gema separadas

uma pitada de sal

Modo de preparo

• Preaqueça o forno a 180 °C (160 °C, caso seja um forno turbo) e forre 1 fôrma desmontável de 20 cm de diâmetro com papel-manteiga.

• Derreta a manteiga e o chocolate em uma panela em fogo baixo, mexendo até ficar homogêneo.

• Retire do fogo e acrescente as amêndoas moídas e as picadas.

• Bata as gemas e o açúcar até obter uma mistura clara e espessa antes de acrescentar a mistura de chocolate.

• Bata as claras com uma pitada de sal até o ponto de neve. Incorpore delicadamente a mistura de chocolate e despeje na fôrma.

• Asse por 40–45 minutos. Teste com um palito de madeira. Se sair limpo, o bolo está no ponto.

• Deixe esfriar completamente antes de desenformar e fatiar.

Dica

Substitua as amêndoas laminadas por um punhado de framboesas na massa do bolo.

Gâteau Basque com Geleia de Cereja

Rende 6 porções
Tempo de preparo: 15-20 minutos
Tempo de cozimento: 35–40 min

Ingredientes

1 ⅓ de xícaras (325 ml) de leite integral

1 colher (chá) de extrato de baunilha

5 gemas médias

¼ de xícara (60 g) de açúcar refinado

30 g / 2 colheres (sopa) de amido de milho

300 g de massa podre pronta

um pouco de farinha de trigo para polvilhar

1 ½ xícaras (375 g) de geleia de cereja tipo *griotte*

Dica

Substitua a geleia de cereja por framboesa ou morango no recheio.

Modo de preparo

• Aqueça o leite e a baunilha em uma panela até levantar fervura.

• Bata 4 gemas com o açúcar em uma tigela refratária até a mistura ficar clara e espessa.

• Acrescente o amido, bata bem, e depois misture lentamente o leite até que tudo fique homogêneo.

• Cozinhe em uma panela, mexendo sempre, até cozinhar e engrossar, depois reserve para esfriar.

• Preaqueça o forno a 160 °C (140 °C, caso seja um forno turbo).

• Divida a massa em duas e abra sobre uma superfície enfarinhada ate ficarem com 7 mm de espessura e use uma para forrar uma fôrma para torta canelada de 18 cm.

• Cubra uniformemente com metade do creme, espalhe a geleia por cima e complete com mais creme.

• Coloque o outro círculo de massa sobre o recheio, selando bem as bordas. Pincele com a gema restante e faça marcas com os dentes de um garfo.

• Asse por 35–40 minutos até dourar e depois reserve para esfriar.

Muffin de Chocolate e Avelãs

Rende 12 porções
Tempo de preparo: 10 minutos
Tempo de cozimento: 18–22 min

Ingredientes

1 xícara (150 g) de farinha de trigo com fermento, peneirada

⅓ de xícara (50 g) de cacau em pó

1 colher (chá) de fermento químico

½ colher (chá) de bicarbonato de sódio

⅔ de xícara (150 g) de açúcar refinado amarelo

2 ovos pequenos, batidos

⅔ de xícara (150 ml) de *buttermilk*

1 colher (sopa) de suco de limão com 1 xícara de leite e deixe descansar por 10 minutos.

⅓ de xícara (75 ml) de óleo de girassol

1 xícara (100 g) de avelãs trituradas

Dica

Para tornar esta iguaria mais rica em chocolate, adicione um punhado de gotas de chocolate à massa.

Modo de preparo

• Preaqueça o forno a 190 °C (170 °C, caso seja um forno turbo) e forre uma fôrma para muffins de 12 cavidades com forminhas de papel.

• Misture a farinha, o cacau, o fermento, o bicarbonato de sódio e o açúcar em uma tigela.

• Acrescente os ovos, o buttermilk e o óleo de girassol em uma jarra medidora e junte aos ingredientes secos.

• Misture ligeiramente até obter uma massa grumosa, mas úmida.

• Divida entre as forminhas e polvilhe com as avelãs trituradas antes de assar por 18–22 minutos. Teste com um palito de madeira. Se sair limpo, os muffins estão no ponto.

• Coloque sobre um aramado para esfriar antes de servir morno ou frio.

Pão-de-ló de Chocolate e Laranja

Rende 6 porções
Tempo de preparo: 10 minutos
Tempo de cozimento: 35–45 min

Ingredientes

1 xícara (150 g) de farinha de trigo com fermento, peneirada

30 g / 2 colheres (sopa) de amido de milho

⅔ de xícara (150 g) de açúcar refinado amarelo

⅔ de xícara (150 g) de margarina amolecida

3 ovos médios

2 colheres (chá) de água de flor de laranjeira

Raspas e suco de 1 laranja

⅔ de xícara (100 g) de chocolate amargo picado

2 colheres (sopa) de frutas cristalizadas variadas

Dica

Para um toque a mais de chocolate, adicione 30 g de cacau em pó (2 colheres (sopa) de leite) à massa.

Modo de preparo

• Preaqueça o forno a 180 °C (160 °C, caso seja um forno turbo) e unte uma fôrma de bolo de 18 cm de diâmetro.

• Bata a farinha junto com o amido, o açúcar, a margarina, os ovos, a água de flor de laranjeira, e o suco e as raspas de laranja em uma tigela grande até obter uma mistura homogênea.

• Acrescente o chocolate picado e despeje a massa na fôrma.

• Dê batidinhas no fundo para ajudar a uniformizar a massa antes de assar por 35–45 minutos; teste com um palito de madeira. Se sair limpo, o bolo está no ponto.

• Coloque sobre um aramado para esfriar.

• Depois, desenforme e decore em volta com as frutas cristalizadas.

Flan Balearic

Rende 8 porções
Tempo de preparo: 15 minutos
Tempo de cozimento: 60 minutos–1 h 10 m

Ingredientes

175 g de massa podre pronta

um pouco de farinha de trigo para polvilhar

1 xícara (225 g) de açúcar refinado

4 ovos grandes

1 xícara (225 g) de queijo mascarpone

1 xícara (225 g) de ricota

30 ml / 2 colheres (sopa) de pastis ou outro licor de anis

2 colheres (sopa) de açúcar de confeiteiro para polvilhar

um punhado pequeno de folhas de menta sem talos

Dica

Substitua metade da ricota por amêndoas moídas para uma textura mais firme.

Modo de preparo

• Preaqueça o forno a 190 °C (170 °C, caso seja um forno turbo) e abra a massa sobre uma superfície ligeiramente enfarinhada até ficar com 5 mm de espessura.

• Corte um círculo para forrar a base de uma fôrma para torta de 18 cm de diâmetro, pressionando bem. Fure a base com um garfo.

• Cubra com papel-manteiga e pesinhos para assar, e preasse por 10-12 minutos até dourar. Coloque sobre um aramado.

• Bata os demais ingredientes, exceto o açúcar de confeiteiro e as folhas de menta.

• Despeje na fôrma e baixe a temperatura do forno para 160 °C (140 °C, se for um forno turbo).

• Asse o flan por 50–60 minutos até firmar e começar a escurecer nas bordas.

• Retire do forno e deixe esfriar antes de levar à geladeira para resfriar.

• Desenforme e polvilhe com o açúcar de confeiteiro, fatie e decore com as folhas de menta.

Bolo de Cereja, Amêndoa e Ricota

Rende 6–8 porções
Tempo de preparo: 10 minutos
Tempo de cozimento: 45–55 min

Ingredientes

1 ⅔ de xícaras (250 g) de farinha de trigo peneirada

¾ de xícara (75 g) de amêndoas moídas

2 colheres (chá) de fermento químico

uma pitada de sal

¾ de xícara (175 g) de manteiga sem sal amolecida

¾ de xícara (150 g) de ricota

1 xícara (225 g) de açúcar refinado

1 colher (chá) de extrato de baunilha

3 ovos médios

⅔ de xícara (100 g) de cerejas em calda, escorridas

½ xícara (50 g) de amêndoas laminadas

Dica

Regue o bolo com chocolate branco derretido para um toque especial.

Modo de preparo

• Preaqueça o forno a 180 °C (160 °C, caso seja um forno turbo) e unte e forre 1 fôrma de bolo desmontável de 18 cm de diâmetro.

• Misture a farinha, as amêndoas moídas, o fermento e o sal em uma tigela grande e reserve.

• Em outra tigela, bata a manteiga, a ricota, o açúcar e o extrato de baunilha usando uma batedeira por 3 minutos.

• Acrescente os ovos, um de cada vez, e junte delicadamente com a mistura de farinha.

• Despeje na fôrma de bolo e polvilhe com as cerejas antes de assar por 45–55 minutos. Teste com um palito de madeira. Se sair limpo, o bolo está no ponto.

• Coloque sobre um aramado para esfriar.

• Desenforme e decore com as amêndoas laminadas antes de servir.

Muffin Cítrico com Sementes de Papoula

Rende 12 porções
Tempo de preparo: 10 minutos
Tempo de cozimento: 18–22 min

Ingredientes

1 ⅓ de xícaras (200 g) de farinha de trigo com fermento

⅓ de xícara (50 g) de amido de milho

½ colher (chá) de fermento químico

⅔ de xícara (150 g) de açúcar refinado

½ xícara (110 ml) de leite

⅓ de xícara (75 ml) de óleo de girassol

2 ovos grandes

2 colheres (chá) de essência de limão siciliano

raspas e suco de 1 limão

¼ de xícara (30 g) de sementes de papoula negra

Dica

Misture um punhado de framboesas esmagadas à massa antes de assar.

Modo de preparo

• Preaqueça o forno a 180 °C (160 °C, caso seja um forno turbo) e forre uma fôrma para muffin de 12 cavidades com forminhas de papel.

• Peneire a farinha junto com o amido e o fermento, e acrescente o açúcar.

• Bata o leite, o óleo e os ovos em uma jarra medidora e adicione a essência de limão, e o suco e as raspas de limão.

• Junte aos ingredientes secos e mexa até incorporar; o resultado deve ser uma massa úmida, mas grumosa.

• Divida entre as forminhas e polvilhe com as sementes de papoula antes de assar por 18–22 minutos até dourar e crescer.

• Coloque sobre um aramado para esfriar antes de servir morno ou frio.

Moelleux de Damasco

Rende 4 porções
Tempo de preparo: 10 minutos
Tempo de cozimento: 12 –14 min

Ingredientes

30 g / 2 colheres (sopa) de manteiga derretida

½ xícara (110 g) de manteiga sem sal em cubos

⅓ de xícara (75 g) de açúcar refinado

2 ovos médios

2 gemas médias

1 xícara (150 g) de farinha de trigo peneirada

¾ de xícara (75 g) de amêndoas moídas

½ xícara (75 g) de damascos desidratados picados finos

2 colheres (sopa) de açúcar de confeiteiro para polvilhar

Dica

Experimente usar cerejas desidratadas à massa em vez de damascos.

Modo de preparo

• Preaqueça o forno a 190 °C (170 °C, caso seja um forno turbo) e pincele 4 ramequins com a manteiga derretida. Resfrie até usar para colocar a massa.

• Derreta a manteiga sem sal e o açúcar em uma panela em fogo médio.

• Bata os ovos e as gemas em outra tigela até ficar espesso. Em seguida acrescente a farinha, as amêndoas moídas e o damasco.

• Adicione a mistura de manteiga derretida e açúcar antes de dividir a massa entre os ramequins e colocar em uma assadeira.

• Asse por 12–14 minutos até que as superfícies estejam douradas e firmes e as bordas estiverem começando a se soltar das laterais dos ramequins.

• Retire do forno e deixe esfriar por alguns minutos antes de polvilhar com o açúcar de confeiteiro e servir.

Índice

Biscoito de Amêndoas	55
Bolinho de Alho-poró e Salmão	40
Bolinho de Caranguejo	41
Bolo de Cenoura	69
Bolo de Cereja, Amêndoa e Ricota	93
Bolo de Chocolate	83
Bolo de Chocolate e Amêndoas	88
Bolo de Limão	78
Bolo de Limão com Cobertura	80
Bolo de Limão e Sementes de Papoula	76
Bolo de Pera, Cereja e Pistache	84
Bolo de Tomate, Mozarela e Manjericão	43
Brownie de Chocolate e Nozes	63
Charlotte de Morango com Purê de Framboesa	74
Cheesecake de Pera Cozida Pochê	70
Churro Amanteigado Mergulhado no Chocolate	54
Clafoutis de Cereja e Tomate	30
Cookie Amanteigado com Geleia de Framboesa	56
Cookie de Amêndoas	68
Cookie de Chocolate e Avelã	61
Cookie de Manteiga	59
Cookie de *Nougat* e Gotas de Chocolate	64
Cookie de Três Chocolates	50
Flammekuche	13
Flan *Balearic*	92
Flan de Cenoura e Cúrcuma	25
Galette des Rois	60
Gâteau Basque	82
Gâteau Basque com Geleia de Cereja	89
Miniflan de Abobrinha e Cenoura	18
Miniflan de *Chanterelle* e Presunto	38
Mini *Paris-Brest Gâteaux* de Avelã	57
Miniquiche de Alcachofra e Tomate	37
Moelleux de Damasco	95
Muffin Cítrico com Sementes de Papoula	94
Muffin com Poucos Carboidratos	81
Muffin de Banana e Chocolate	75
Muffin de Chocolate	87
Muffin de Chocolate e Avelãs	90
Muffin de Cranberry	86
Muffin de Queijo de Cabra e Ervilha	20
Pão de Abóbora e Pera	09
Pão de Azeitonas	10
Pão de Bacon, Ervas e Queijo	21
Pão de Chouriço	42
Pão de Ervas	11
Pão de Frutas Secas	36
Pão de Grãos Orgânico	32
Pão Redondo com Gergelim	23
Pão-de-ló com Creme de Framboesa	79
Pão-de-ló com Creme de Limão	77
Pão-de-ló de Chocolate e Laranja	91
Pãozinho de Granola	16
Pãozinho de Pera e Gorgonzola	12
Pãozinho Redondo	08
Paris-Brest de Morango	46
Paris-Brest Gâteau	51
Quiche de Abobrinha, Queijo e Menta	24
Quiche de Alho-poró e Roquefort	33
Quiche de Maçã, Queijo e Rúcula	31
Quiche de Salmão Defumado, Queijo Comté e Espinafre	28
Quiche de Salmão e Espinafre	29
Rocambole de *Marmalade*	71
Tarte Tatin de Limão e Maçã	53
Torta de Acelga e Pinoli	35
Torta de Carne	26
Torta de Carne, Pimentão e Cenoura	34
Torta de Chocolate e Pimenta	67
Torta de Cogumelos	27
Torta de Frango	39
Torta de Frutas e *Fromage Blanc*	47
Torta de Laranja	66
Torta de Legumes	19
Torta de *Lemon Curd*	49
Torta de Maçã e Uvas-passas	65
Torta de Merengue e Limão	48
Torta Vegetariana	14
Tortinha de Espinafre e Queijo de Cabra	15
Tortinha de Espinafre e Roquefort	22
Tortinha de *Lemon Curd*	62
Tortinha de Limão e Sementes de Papoula	85
Tortinha de Tomate, Queijo e Manjericão	17
Tortinha *Whoopie* de Amêndoas e Limão	52
Tortinha *Whoopie Paris-Brest*	58